PARA VOLVER A MÍ…

TE TUVE QUE DEJAR IR.

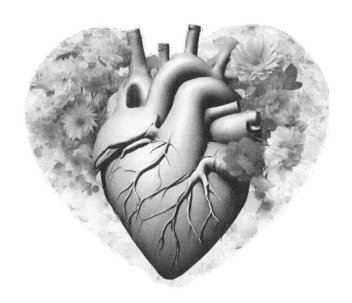

SULEYDY GABRIEL GASPAR.

Para volver a mí… Te tuve que dejar ir.

Ilustraciones de portada: Porechenskaya
Perfect Dezigns
Trendify

Ilustraciones del contenido: Victoria Rusyn
Alla Rusyn
Perfec Dezigns

Copyright © 2024 Suleydy Gabriel Gaspar.
Todos los derechos reservados.
ISBN: 9798320922010
Sello: Independently published

Hay amores que siguen latiendo fuerte,

a pesar del tiempo,

y haber elegido destinos diferentes…

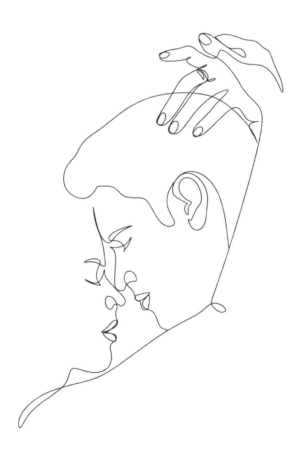

PARA…

"Todas las personas que tuvieron un amor que dolió, sigue doliendo

o están dudando dejar ir"…

Recuerda que hay otras formas de amar y amarnos…
Para llegar a ello debemos estar dispuestas o dispuestos a **dejar ir**
a quien eligió irse de nuestra vida.

"Duele soltarlo,

pero duele mucho más,

reconocer que te soltaste a ti,

por él."

PRÓLOGO:

Para volver a mí, te tuve que dejar ir…

Es un libro inundado de reflexiones, frases y poemas, náufragos del océano de emociones, pensamientos y conductas que brotan después de una ruptura amorosa como parte del camino que debemos emprender ante el duelo y los apegos.

Cada escrito es de fácil comprensión, la sencillez y la forma en la que se describen las microhistorias en cada página puede resultar familiar, debido a la singularidad para expresar las situaciones de un corazón roto y un alma desolada que habitaron por un tiempo la realidad, sumergiéndose a la tempestad, al oleaje más inmenso del amor y desamor.

Aquí podrás encontrar 5 capítulos, cada uno describe el desamor, la vulnerabilidad, el anhelo, el deseo, la negación y la aceptación. Probablemente te sientas identificada con cada escrito y la herida se vuelva hacer presente para recordarte que sigue cohabitando en tu mente y corazón, por lo que deberás tomar una elección: permitirle eche raíz o cortar para volver a comenzar. Al término de cada capítulo se presenta un ejercicio de escritura terapéutica para generar tomas de consciencia.

CAPÍTULO I.-ME FALTÓ DECIRTE.

Siempre nos quedamos con muchas cosas por decir, nos abrazan los silencios que estuvieron ocultos por mucho tiempo, llegando el momento que por paz y salud mental deben ser expresados. Lo pendiente muchas veces no se dice, no se pronuncia en tiempo y forma, aunque siempre buscan una manera de tener voz y palabra.

Liberarte de todo, despojarte del pasado por completo te ayudará a sentirte más ligera y con más espacio para recibir lo sí es para ti.

CAPÍTULO II.-ABSTINENCIA DE TI.

Duele vivir con la ausencia de alguien que ha elegido irse de tu vida, parece difícil poder lidiar con el recuerdo, los pensamientos recurrentes, rutina y hábitos.

La abstinencia afectiva sucede cuando ese amor se ha ido de tu lado, esa sensación de no poder seguir tu vida sin él o ella, he aquí la lucha incansable de elegir tener un balance entre lo que aún se siente y lo que se debe hacer durante el proceso del duelo.

CAPÍTULO III. NADA ESTÁ PERDIDO.

Tu vida no termina con el fin de una relación y mucho menos por esa persona que ha decidido irse, aunque creamos lo contrario.

¡Retoma tu vida, no te abandones!

Traza un nuevo camino de amor para ti: propósitos, proyectos, retos, etc.

No permitas que la ausencia de él o ella, vaya derrumbando cada esperanza de ti, de tu amor y tus ganas de vivir una vida diferente.

CAPÍTULO IV.-FE EN MÍ.

No pierdas la fe en ti, abrázate tan fuerte que todo ese amor que diste te lo puedas dar a ti.

Quizás la vida te está llevando a nuevas posibilidades que tenías que vivir para ti y no con él o ella.

CAPITULO V.-CUESTIONANDO MI FORMA DE AMAR.

Es urgente que podamos cuestionar nuestra forma de amarnos y amar a los demás.

Es la oportunidad de poder generar relaciones sanas, empáticas, amorosas, desde la autonomía y responsabilidad afectiva.

Podemos romper con las creencias y patrones de comportamiento que nos llevan a mantener y reforzar relaciones amorosas insanas que nos hacen sufrir.

"Recuerda que después de un desamor tienes infinitas posibilidades de volver a amar, principalmente amarte desde otra manera, desde otra forma, desde otro espacio."

AMARTE es necesario después de una ruptura amorosa.

Es un antídoto letal para sanar tu corazón y alma.

Y lo logras cuando te permites trabajar en ti

Con cariño ***SULEYDY.***

CONTENIDO:

"La peor renuncia

sucede cuando te la haces a ti misma por él."

¡No te Renuncies!

I.-ME FALTÓ DECIRTE…

Mi mejor manera de demostrarte mi amor
fue dejarte ir,
respetar tu decisión,
aunque no me hayas elegido en tu vida.
Fue el mayor acto de amor que pude hacer por mí,
pero también para ti.

TE DEJÉ IR…

Te dejé ir queriendo

y no queriendo,

sé que tomé la mejor decisión

de elegirme a mí, antes que a ti.

SIN ANESTESIA...

¡Le he hecho unas costuras a mi corazón

sin anestesia!

De tanta tristeza que sentía, ni siquiera me dolió.

Sin saber coser me cosí tan bien que,

desde que te fuiste no se ha abierto la herida.

TU ADIÓS…

Uno de los momentos en los que creí
que moría en vida,
fue cuando te fuiste sin dar explicación,
y aunque tus actos ya me hacían suponer
que esto pasaría,
dentro de mí
habitaba un corazón que se aferraba a seguir,
a pesar de sentir mucho dolor
que me hacía sufrir.

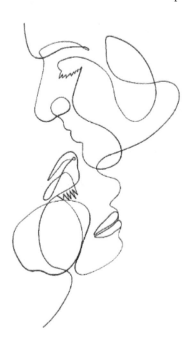

CORAZÓN Y RAZÓN...

Decidiste marcharte de mi vida

sin decir adiós

y lo respeté,

pero mi alma se quedó por un tiempo en pausa,

con miles de dudas y preguntas,

aunque en el fondo desde que te conocí

sabía que esto podría existir,

cada palabra y acción me hacían dudar de ti.

SALVA-VIDAS…

Me alejé de mí al conocerte,

caí en la trampa de tu amor.

Tus intenciones no eran enamorarte,

era aprovechar la oportunidad

para ser yo tu salvavidas

en la tempestad y en el caos que tenías,

recuperarte y después marcharte de mi vida.

APRENDIENDO A ESTAR SOLA...

Estoy aprendiendo a estar sola,
porque pensaba que no podía vivir sin ti.

Estoy aprendiendo a dejar de recordarte,
porque habitas y secuestras mi mente
en cada segundo.

Estoy aprendiendo a darme mi lugar,
porque eras tú y sólo tú, nunca yo.

Estoy aprendiendo a valorarme,
para saber que merezco más,
y no migajas de amor.

Estoy aprendiendo a olvidarte,
pero me resulta complicado,
espero lograrlo.

TE PERDONO...

Yo no puedo odiarte,
aunque tú con toda la intención
de causarme daño
me lo hiciste a mí.
No puedo aborrecerte
porque así lo he elegido
y eso funciona para mí,
a pesar que todos me dicen que debiera
estar sintiendo todo lo contrario por ti.

SOBREVIVIR...

Estoy haciendo tregua con la costumbre,
el hábito, la rutina y lo que sigo
sintiendo por ti,
pero me está costando seguir
sin tu presencia en mi vida.

Hoy sólo somos un fuimos...

UNA ESPERANZA...

Te fuiste y te llevaste la pieza
que busco ahora en mi vida.
He intentado crear una, pero no cabe.
Tengo la esperanza que pasen unos meses
y pueda mutarme
para volver a resurgir,
de tal forma que la pieza
que te llevaste
ya no la necesite de vuelta.

¿QUÉ SERÁ DE MÍ?

Sé que te amo tanto,
que me había olvidado de mí.

Me duele pensar
que llegará el momento
en el que te tengas que ir.

Cada día que pasa,
tu actitud hacia mí te delata,
y no sé qué será de mí
después de ti.

DECIR ADIÓS…

Todos allá fuera pensaban
que sería fácil decirte adiós,
pero si estuvieran de visita
en mi mente y corazón,
sabrían del inmenso abismo
que me secuestra la vida
de sólo pensar que debía
de una vez por todas,
ponerle fin a nuestra relación.

INDIFERENCIA...

Y la forma en la que te despojé de mi vida,

no sé si fue

más doloroso para mí

o para ti,

al saber que mi indiferencia

era lo único que había quedado

de aquel amor

que había jurado sentir por ti.

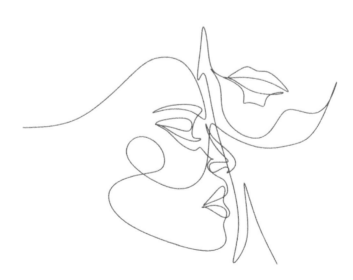

NO ME ELEGISTE...

Tú y yo pudimos hacer grandes cosas,

vivir muchas historias

y escribir un nuevo destino,

pero no me elegiste en tu vida,

y aunque me quedé desecha,

aquí estoy sanándome el alma,

la vida, el corazón;

Y sé que estoy haciendo lo mejor.

REGRESAR A MÍ...

Al conocerte,

me perdí en tu mundo

pensando que tú también lo harías por mí,

lo único que obtuve

fue un rechazo y un adiós doloroso

que me dieron fuerzas para volver a encontrarme

y regresar a mí.

MIEDO A MORIR POR TI...

Sentí que se me acababa la vida cuando te fuiste,

pensé que moría,

pero aquí sigo.

Y sí,

si morí,

dejé morir a ese yo que te amaba

y pensaba que no podría vivir sin ti.

SÓLO ILUSIONES…

La vida me ayudó a irme de tu lado,

y aunque no quería matar la esperanza

de volver a intentar,

me pregunto ¿cuántas veces más seguiría esperando

que una ilusión se hiciera por fin realidad?

Siempre serás mi constante favorita,

aunque fuiste verdaderamente

la variable más letal en mi vida.

TODO SE TERMINA HOY...

Tu silencio se conecta con mi alma,

y aquí duele,

duele saberlo,

aunque me digas que sólo es darnos un tiempo.

MI VICTORIA...

Elegí expulsarte de cada uno de mis recuerdos
con dolor y sufrimiento,
inundé mi vida de mucho llanto,
pero sé que fui muy valiente,
una sobreviviente y una ganadora.
Te perdí a ti,
y me gané a mí.

Hoy elijo dejar atrás todo lo que me destrozó el alma,

por ejemplo,

tú.

ME ELEGÍ A MÍ...

Tomé la decisión más difícil de mi vida,
lo que me costaba hacer,
pero muchas veces quería
y sentía que no podía.

Elegí irme, renunciar y
decirte adiós para siempre.
No es nada sencillo
como quizás me muestre ante ti,
pues por dentro me sentía acabada.

Y aunque sé que te amaba,
me había dado cuenta que estaba cansada
de lo mismo de siempre,
de lo que eras para mí
y lo que yo fui para ti.

Me cambiaste la vida,

que no sabía cómo borrarte

de cada pensamiento,

del tiempo,

de cada hábito,

de cada poro de mi piel,

de mis recuerdos.

Me sentí totalmente perdida,

intentando a la vez sentirme mejor,

cuando sabía dentro de mí

que había tomado la mejor decisión:

Elegirme a mí.

BESOS QUE MATAN...

Sus besos eran letales:

incendiaban el alma,

pero también

apagaban todas las ilusiones

y las esperanzas.

¿NOS MERECEMOS?

Nos merecíamos más tiempo,

más amor, más corazón,

menos mente y menos miedos.

ERA LA VIDA...

No estábamos listos para amar,
pero era la vida
queriendo juntarnos,
deseando que nos conociéramos,
aunque no estábamos preparados
para amarnos:
*no habíamos sanado
todas las heridas del pasado.*

SIEMPRE EN MÍ...

Me quedó la nostalgia por ti,

por lo que pudo ser y no fue,

por una esperanza huérfana y vana,

por un querer frustrado,

y aunque hayan pasado los años,

hay un hilo,

un cachito de ti,

de tu recuerdo,

que he elegido guardar para siempre en mí.

ME FALTÓ DECIRTE…

Me faltó decirte que te fuiste sólo pensando en ti,

¿acaso pensaste en mí?

¿En lo que pudiera estar pensando y sintiendo?

Me faltó decirte que yo seguía amándote igual

o más que la primera vez,

era tanto mi amor que hubiese estado dispuesta

a todo por ti,

pero me quedé con dudas,

culpas y una profunda tempestad emocional

que me torturaba sin tener claridad mental.

Me faltó decirte que el día que elegiste irte,

fue el mejor día de mi vida,

pero lo comprendí después de haberme sacudido

las ilusiones y expectativas.

Y cuando te vi con ella,

   no sabes cuánto me dolió la vida…

RECUERDO Y OLVIDO…

Fuimos,

y desde este instante

sólo seremos un recuerdo,

olvidado o guardado en nuestra mente.

NECIO CORAZÓN...

Irte de mi vida sin decirme adiós,

fue la mejor forma de hacer entender

a este necio corazón que no había espacio para mí

en tu vida y en tu amor.

PUNTO FINAL...

No me quedó más remedio
que escribir fuerte,
con tinta indeleble
ese punto final que le faltaba
a nuestra historia de amor.

AUSENCIA QUE DUELE...

Hoy notarás una ausencia,

cuando estando con ella

te des cuenta qué siendo

lo que no buscabas,

hoy soy yo,

lo que siempre anhelabas,

porque nadie como yo,

pero sí,

muchos como tú.

DEJARTE IR…

No pediré que te quedes,
tampoco diré o haré algo para detenerte,
te escucharé si es que quisieras decirme algo,
por el contrario, si te vas sin decir nada,
créeme que no exigiré una explicación.

Algunas veces, aunque nos cueste reconocer,
sabemos la verdad.

Esta vez me permitiré ser honesta, amable,
amorosa y leal a mí para poder dejarte ir
sin perderme el respeto,
pero sobre todo mi dignidad.

TU SILENCIO...

Cuando estuvimos juntos

tu silencio fue mi mejor amigo

y tu ausencia mi peor enemigo.

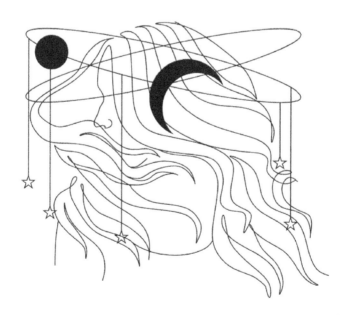

CAER AL ABISMO...

Dejé que pensaras que comprendía tu adiós,
pero por dentro
había un alma que se laceraba,
se hundía en el silencio,
en tu indiferencia
y en tu rechazo,
éramos dos desconocidos,
pero sabía que no podía obligarte
para que te quedaras conmigo.

OPCIÓN...

Estaba dispuesta a todo,

y la misma vida me dio una lección,

no era la forma ni la manera

de amar a alguien que buscaba compañía,

no sabía estar solo

y me trataba como una opción.

MIRADAS...

En tus ojos podía saber la verdad,

no sentías lo mismo que yo sentía por ti,

con tus besos la verdad se me olvidaba,

así pasaron los años y el daño.

El autoengaño era necesario

para evitar el caos en mi mente

de sólo imaginar el fin de nuestra relación.

SENTIR...

Siempre me hiciste sentir una opción,

y yo haciéndote sentir

el dueño de mi amor y de mi corazón.

LIBERACIÓN...

Te liberé de mí,

sin haber pensado

que yo misma me hacía un favor:

libre de un sentimiento no correspondido,

libre de mentiras,

libre de ataduras,

libre de hundirme en más dolor,

libre de estar esperando que cambiaras

y por fin me amaras,

libre de ti,

libre de tu mal amor.

INSISTENCIA...

Después de tanto insistir,
te envié el último mensaje
para saber qué pasaba entre nosotros
pero nunca recibí respuesta,
y fue en ese preciso momento
que comprendí tu silencio,
había sido la señal que esperaba
para tomar la decisión
de poner punto final a lo nuestro.

RED FLAGS...

Nos despedíamos
y después regresábamos
por cada discusión,
siempre terminaba dándote la razón.

Debí haber entendido las banderas rojas
que me advertían y ponían en duda tu falso amor.

UN MAL AMOR...

Nos estábamos haciendo mucho daño
estando juntos,
tú queriendo irte y ser libre,
y yo queriendo seguir contigo
dispuesta a todo por ti.

¿DÓNDE ESTUVISTE?

¡Nunca estuviste para mí!
Aunque tu ausencia era lo que necesité
para reconocer que no era contigo
con quien debía permanecer.

DESPÚES DE TI...

Después de un tiempo
entendí que necesitaba haberte conocido
para saber que después de ti,
jamás podré permitirle nuevamente
a alguien como tú,
estar en mi vida,
habitar en mi mundo y volver a creer
que pueda hacerme feliz.

RENACER…

En algún momento pensé necesitar más de ti
cuando te fuiste sin decir adiós,
debieras haber estado en mi mente
para saber y ver como tu huida
me mataba en vida,
y aunque así lo creí,
mírame aquí estoy.

y sí,
es verdad,
morí ese mismo día
para volver a mí,
comprendiendo que algunas muertes
son para volver a renacer,
aprender, crecer, evolucionar,
madurar y hacernos más fuertes,
aunque en ese momento dudes ser valiente.

PARÉNTESIS…

Entre tú y yo existe un paréntesis

que nos une y nos aleja,

pero también nos hace coexistir,

entre el pasado y el presente,

entre el recuerdo y la imaginación,

entre el aquí y allá,

el ahora y el nunca más.

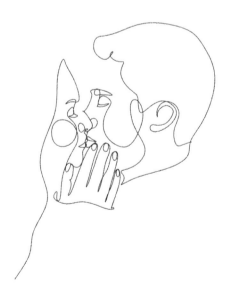

DECESO…

Estoy rondando de un lugar a otro,
aquí en mi habitación,
en la soledad, en el hartazgo de mí,
de volver a repetir una y otra vez la escena.

Pareciera que todas mis versiones
se ponen de acuerdo para molestarme,
pero esta vez han abusado tanto
que se me hace un nudo en la garganta
y siento que no puedo más.

Espero que mi yo más sensato
me rescate y pueda tener la claridad
de mostrarme el camino.

Y si no es así,
declárenme en deceso desde este segundo.

EL LETRERO DE TU CORAZÓN...

Debieras haberme mostrado

el letrero que traías puesto en tu corazón,

el cual decía:

favor de no enamorarse,

estoy de paso

y jamás le permito enamorarse a mi corazón.

NEGACIÓN…

Si tú eliges irte de mi vida,

mi mente quizás lo pueda comprender,

aunque busque siempre una razón

para hacer entender a este corazón

que se niega admitir todo lo que sucedió.

¿ESTAMOS A TIEMPO?

Me ha regresado la esperanza
de saber que estamos a tiempo,
a tiempo de volver para amarnos,
a tiempo de no separarnos
y seguir juntos,
a tiempo de pensar qué queremos,
a tiempo de pensar si a pesar de todo,
queremos continuar con lo nuestro.

¿QUÉ LE DIGO?

Si tú eliges irte de mi vida,

no tendré más remedio que aceptar tu decisión,

pero dime tú,

¿Qué le digo a mi corazón?

TIEMPO...

Me pedías tiempo,

tiempo para pensar,

tiempo para reflexionar,

sin saber realmente que pedias tiempo

para irte con alguien más.

DE MÍ…

Decidí alejarme de ti porque me cansé,
me harté de ser siempre quien daba más,
nuestra relación nunca fue de los dos,
sólo de mí.

POR TI…

Sólo por hoy,

dejaré de juzgarme,

soltaré el pasado,

empezando por ti.

VALOR…

Duele saber que no tuviste el valor

para sostener una verdad

que era evidente y destrozaba mi alma:

iniciar como si nada otra relación

con un nuevo amor.

Y tu falso amor,

llevaba a la muerte lenta a mi alma y corazón.

FINAL…

La vida me decía que no debía seguir ahí,

pero me negaba a aceptar que entre tú y yo

todo estaba llegando a su fin.

ESE INSTANTE…

Me quedé con muchas cosas por decirte,

pero te vi muy feliz con ella,

que se me hizo un nudo en la garganta

y sentí en ese instante que mi vida se terminaba

a pesar de lo mucho que te amaba.

Estoy decidida a perderte...
Te quise como a nadie e incluso más que a mí misma,
pero ya no estoy dispuesta a perderme otra vez.

ARRANCARTE DE MÍ…

Y así como tú te fuiste de mi vida,
te tuve que arrancar,
no me ha sido fácil,
pero sigo despojando de mí
tu falso amor
que me ha cambiado la vida:
me hizo trabajar y sanar
todas mis heridas
que habitaban en mi corazón.

AMAR COMO TE AMÉ A TI…

Jamás volví a amar

como te amé a ti,

porque trabajé mucho en mí

y reconocí lo que nunca

volveré a permitir.

MOTIVOS…

¿Por qué he de quedarme?

Si todos los motivos que me había inventado

para seguir contigo,

hoy se han terminado.

CICATRIZ...

Hay una cicatriz en mi corazón

que lleva tu nombre.

Aún me dueles,

aunque tenga que decir que ya no.

PROMESAS…

Nos prometimos muchas cosas,

por ejemplo

amarnos para siempre,

pero nada de eso sucedió,

yo me quedé esperando

y tú te fuiste sin decir adiós.

¿Cómo se olvidan los besos que te hacen revivir

y volver a creer que el amor puede ser diferente?

NO SABÍAMOS…

No sabíamos cómo amarnos,

que al hacerlo olvidamos quiénes éramos,

qué queríamos,

hacia dónde iríamos.

No sabíamos amarnos,

tú pedías mucho de mí,

y yo me conformaba con poco de ti.

No sabíamos cómo amarnos,

que tú te fuiste de mí,

y yo me quede esperando por ti.

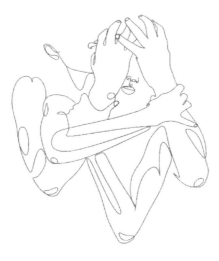

DUDAS...

¿Me amas?

Mírame a los ojos

y dime ¿qué vez?

¿Acaso resulta muy difícil leer

una mirada que arde por ti?

SIN PREVIO AVISO...

Si hubiera sabido que hoy
era la última vez entre tú y yo,
quizás te hubiera abrazado tan fuerte
para que pudieras convencerte
del inmenso amor que aún sentía por ti.

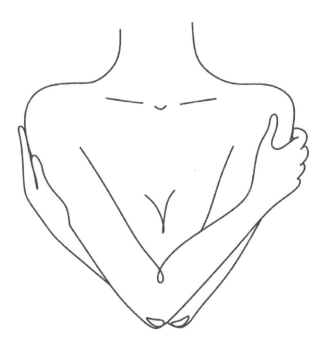

SIN NADA...

Te fuiste y me dejaste,

me dejaste con las ganas de amarte,

me dejaste con muchas dudas,

me dejaste con mucha tristeza y desilusión,

me dejaste como llegaste: sin nada.

ADIÓS…

Es urgente decirnos adiós
y no es por falta de amor,
porque aquí dentro de mí
existe un amor inmenso por ti,
pero no entiendo tu forma de amar
y me duele,
quizás no te importe saber
qué tanto me duele separarme de ti,
pero es algo que ya decidí:
ALEJARME DE TI.

AMOR FRUSTRADO...

Fuimos un amor frustrado,

frustradas todas mis ilusiones y esperanzas,

pero sin imaginar que tú también estarías frustrado,

porque supe irme sin reclamos, en silencio, sin dramas,

algo que no imaginaste que haría,

pensabas que te buscaría, te rogaría

y por ti yo moriría.

SABER IRME DE TI...

Gracias por enseñarme a saber irme de ti,
lo hiciste muy bien,
ya no quedaba ninguna excusa para retenerme
y volver nuevamente al mismo ciclo,
a la misma vida,
todo había terminado.

¿Pero a qué costo?
Tú siguiendo tu felicidad
y yo quedándome hundida
en un abismo sin salida.

PROPÓSITO ...

Mi propósito contigo

es que sólo podamos elegirnos todos los días

y des elegirnos cuando alguno de nosotros

ya no quiera seguir,

pero, sobre todo *ser valientes*

para decirnos que se acabó el amor.

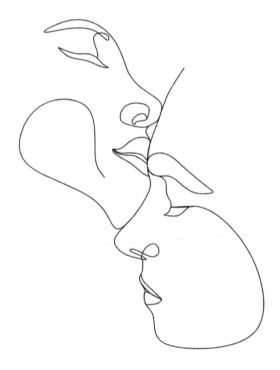

PARA FINALIZAR ESTE CAPÍTULO I.

¿Qué te faltó decirle a esa persona?

_____

_____

_____

_____

_____

_____

_____

_____

_____

_____

Para volver a mí…Te tuve que dejar ir.   *Suleydy Gabriel Gaspar.* ♥

II.-ABSTINENCIA DE TI…

Tengo la urgencia y necesidad de saber de ti,

pero me detengo,

pauso e intento recordar porque te fuiste,

y de esta forma dejar de pensarte, extrañarte,

renunciar a las ganas de ti: de verte, abrazarte, besarte

y escuchar que aún me amas…

DUELES...

Dueles en cada recoveco de mi alma,

en cada respiro,

y en cada segundo

en el que llega tu recuerdo a mi mente.

OJOS LLENOS DE TI...

Hay dolores del alma que no se ven,

no se dicen,

no se pregonan,

y nadie se entera.

Pero existen miradas

que sin decirlo

lo dicen todo,

por ejemplo,

mis ojos

que no callan el dolor.

Y veme aquí,

con los ojos nublados,

llenos de ti.

¿DIME CÓMO?

Cierro los ojos y en un segundo
puedo verte,
puedo hacer cambiar la versión real
de lo que vivimos.

Sé que quizás estoy engañándome,
dándome una esperanza vacía
y huérfana a mí misma.

Pero dime ¿cómo se puede matar al amor
que siento por ti?
¿Cómo puedo dejar de sentir?
¿Cómo puedo dejar de amarte?
Así como tú lo has hecho por mí.

DES-ENAMORARSE...

Algunas veces enamorarse

es lo más sublime que nos puede suceder,

aunque separarse sea difícil,

complejo y doloroso,

pero sobre todo des-enamorarse

cuando tu corazón,

cada poro de tu piel

y tu alma siguen llenos de él.

AMO R A MEDIAS...

Y el día que jamás pensé que llegaría,

llegó.

A él le faltaba valor

para decirme que jamás me amó,

y a mí

en cambio,

me sobraba amor.

AMOR QUE ARRASA...

Todo se terminó entre tú y yo,

jamás pensamos que nos iríamos

de una forma tan rápida e inconsistente,

como si el amor no hubiera estado en nosotros,

que irónico saber que donde el amor nos arrasó

 al final ese mismo amor se terminó.

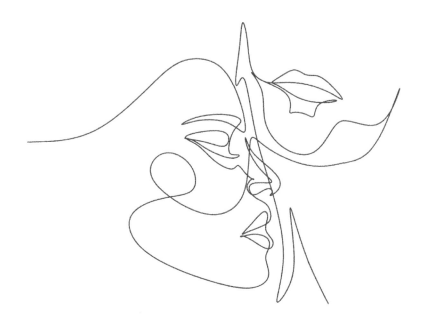

TREGUA...

La tregua más dolorosa que he hecho en mi vida,

ha sido con tu recuerdo

y el amor que seguía sintiendo por ti.

TU ROSTRO...

No te busco porque en otros rostros

tú me encuentras,

y aunque ya empezaba a olvidarte,

últimamente tú rostro lo miro en todas partes.

FUEGO EN MI ALMA...

Y mi forma de amarte,
fue alejarme poco a poco de ti,
sabiendo que dentro de mí
existía un fuego que incendiaba
por completo mi alma.

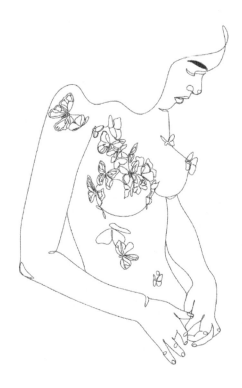

FINGIENDO...

Fingiendo que ya no dueles,

fingiendo que estoy feliz,

fingiendo que mi vida sigue,

fingiendo que finjo no querer saber nada de ti.

SEGUIR CON MI VIDA...

Después de un adiós:

respetar, aceptar

e irte con dignidad,

aunque por dentro llevas el corazón desecho,

donde ya no da para más,

seguir con tu vida

es la mejor decisión que puedes tomar.

INTENTO DE AMOR...

Intentamos amarnos,
pero cada uno amó como aprendió.
Tú haciéndome creer que me amabas,
y yo demostrándote lo mucho que te amaba.

FALSO AMOR...

No sabía estar solo,

que para él era muy fácil y sencillo

ponerse de acuerdo con su corazón,

para engañar y entrar al alma de quien

creyera en su falso amor.

¿Y a ti quién te secuestra la vida,

los pensamientos, el alma y el corazón?

A mí por ejemplo, tú…

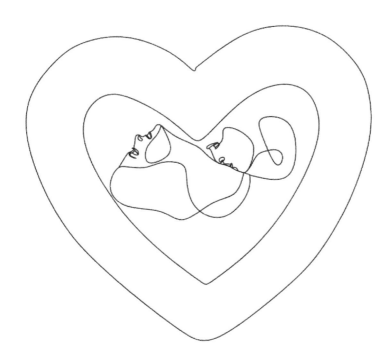

EXISTES...

Tu recuerdo vaga en mi mente,

se pausa en el tiempo y se hace presente,

y aunque hoy vivo lejos de ti,

todos los días tú existes en mí.

ARRANCARTE …

¿Algún día será que pueda arrancarte de mi memoria?
Tu recuerdo insiste en quedarse,
se aferra, se resiste y persiste en estar tan presente
que sigue calándome el alma, erizándome la piel,
haciendo agitar mi vida, mi corazón y mi razón.

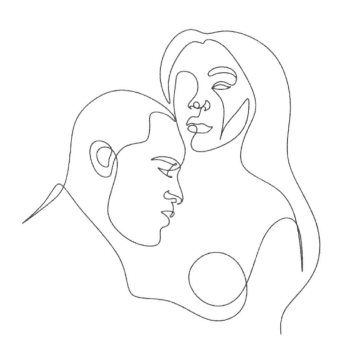

RECUERDOS...

Hay recuerdos que nos secuestran

nuestro presente,

nuestros segundos,

nuestra atención,

nuestros sentimientos.

Hay recuerdos que nos secuestran la vida entera.

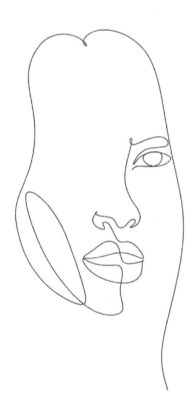

SE ACABÓ...

Me da orgullo decir y gritar: se acabó,
ya nunca más volverás cuando quieras,
pensando que siempre te daré paso de nuevo a mi vida.

No me ha sido sencillo ponerle freno a mi corazón
y a estas ganas arrebatadas e impulsivas de sólo verte
y mi corazón late fuerte diciéndome déjale entrar,
quizás esta vez se quede contigo.

DESPUÉS DE UN ADIÓS...

Después de un adiós,
siempre uno de los dos es el que se queda.
Se queda sin nada, sin ganas, sin esperanzas,
con culpa, pena, con un enorme vacío,
ahogándose en el llanto,
en la lucha intensa con sus pensamientos,
añorando la presencia y sufriendo la ausencia,
tratando de vivir al día para que nadie se dé cuenta.

SIGUES EN MÍ...

En cada suspiro,
soy consciente de tu presencia en mis sentimientos,
y aunque cada día estoy luchando con ellos,
no me ha sido nada fácil
arrancarte de cada uno de mis pensamientos.

HUBIERA...

Me hubiera gustado que me eligieras en tu vida,

me amaras como te amé,

vivir la vida contigo,

ser esa persona por la cual estarías dispuesto a todo.

Me hubiera gustado que todo fuera diferente

y te quedaras conmigo.

EN MIS SUEÑOS...

Todos los días,
todas las distancias trazan un puente,
un camino,
y el mapa que me dirigen a ti
a través de tu recuerdo
que aparece y reaparece sólo en mis sueños.

VEINTICUATRO SIETE...

Pareciera que te fuiste ayer
y no desde hace mucho tiempo,
pero mi mente insiste y persiste
que tú sigues habitándome veinticuatro siete,
sobre todo, cuando te pienso
y me llueven los recuerdos.

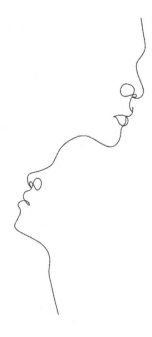

¿QUÉ LE DIGO A MI CORAZÓN?

En los agujeros de mi alma habitas tú.

Tu imagen,

tu sonrisa,

y todo lo bonito que me compartiste,

aunque todo finalizó,

aquí existe un final bonito

que intento contarle todos los

días a mi corazón.

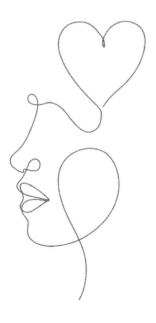

EL OTOÑO ME HABITA...

Desde que te fuiste de mis días,

en mi alma habita un otoño

que insiste en quedarse para siempre en mi vida.

ANSIEAD DE TI...

Y en cada pausa que hago en mi día,

mi mente me hace recordarte y pensar

¿dónde estarás?

Pero, sobre todo

¿con quién estarás?

REGRESAR EL TIEMPO...

En tus labios pude saber que esto sería pasajero,

aun así, me arriesgué a quererte con miedo,

sin imaginar que todavía sigo extrañándote

y deseando regresar el tiempo para empezar de cero,

no cometiendo las acciones que pienso en mi mente fueron

las que pudieron romper con lo nuestro.

TU RECUERDO...

En los bordes de mi alma,
aún se concentra un fuego
que brota, se extingue
y se apaga
cuando me llega tu recuerdo.

EL TIEMPO...

Hoy el aire erizó mi piel,

pensé que tú habías enviado un suspiro,

y aunque exista una distancia

que nos sirve de puente para extrañarnos

y recordarnos,

el tiempo puede ser algunas veces

nuestro mejor amigo o nuestro peor enemigo.

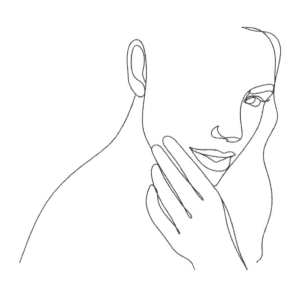

CERQUITA DE MI CORAZÓN...

Tú,

enterrado en mi alma,

no sé si para siempre o sólo por hoy.

Tu ausencia se siente como presencia,

porque tus recuerdos vagan

aquí cerquita de mi triste corazón.

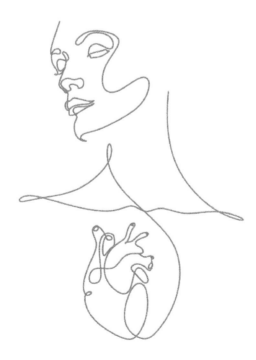

JUICIO DE MÍ...

Y lo que me prometí antes de estar contigo

se me olvidó,

terminé aceptando y permitiendo todo,

para después juzgarme:

¿Por qué lo hice?

¿Por qué lo permití?

¿Por qué me olvidé tanto de mí?

¿Por qué pienso que hoy no podré seguir mi vida sin ti?

Hay amores que nos vienen a despertar las heridas
que pensamos habíamos olvidado…

MI ESPEJO...

Fuiste mi espejo,
y entendí que llegaste para
mostrarme todo lo que aún
no había podido sanar en mí,
así que no tuve más remedio que hacerlo
para liberarme de mucho sufrimiento
y salvarme a tiempo de ti.

FE EN MÍ...

Dueles en cada pensamiento,

aunque sentí mucho miedo

por lo que estaba viviendo,

nunca perdí la fe en mí

para salir de todo esto

y volver a sonreír.

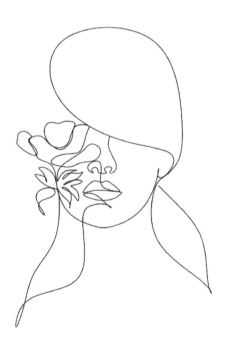

AUSENCIAS...

Hay ausencias que son irrepetibles
e irremplazables,
y algunas veces nos damos cuenta
demasiado tarde.

Sólo quiero que tú y yo

hablemos el mismo idioma:

te amo,

nos amamos.

PARA FINALIZAR ESTE CAPÍTULO II.

¿Aún lo extrañas? ¿Qué extrañas? ¿Verdad, lo extrañas? ¿Por qué piensas que no puedes vivir sin él o ella? ¿Qué extrañas de la relación?

_____

_____

_____

_____

_____

_____

_____

_____

Para volver a mí…Te tuve que dejar ir.   Suleydy Gabriel Gaspar. ♥

III.-NADA ESTÁ PERDIDO…

Hay finales en el amor que duelen,

desgarran el alma,

pero son una gran victoria en nuestra vida.

POR ESOS AMORES...

Hay amores que te quitan la vida,

los sueños y las ganas de amar,

pero también hay amores

que te devuelven a la vida

y las ganas de volver amar

para amarte a ti misma antes que a los demás.

AUSENCIAS...

Hay ausencias
que calan el alma,
pero también
hay ausencias que sanan el alma.

¿MORIR DE AMOR?

Nadie muere de amor,

mírame aquí sigo

a pesar de la prueba que la vida me ponía

cuando tú te fuiste,

porque ya estabas en una nueva relación,

y aunque dolía, no me permití morir de amor,

al contrario, volví a nacer gracias a ese desamor.

EL AMOR BONITO...

Estaba convencida que el amor bonito
lo debía buscar fuera de mí,
lo busqué
y busqué,
pero ningún amor bonito había conocido
hasta que,
de tanto buscarlo en los otros,
me armé de valor
para buscarlo dentro en mí.

ILUSIONES QUE MATAN...

¿De qué nos hartamos?

Si estábamos muy enamorados

o al menos eso pensaba,

tú me mirabas y ya sabía que me decías te amo,

era tanta mi emoción,

que no me di cuenta que era yo,

viviendo una falsa ilusión.

ENSEÑAME A IRME...

Enséñame a irme sin piedad,

a jugar con el amor,

a no sentir,

a desaparecer de la vida de las personas sin culpa,

enséñame a ser como tú,

que me está costando ser yo.

FLORE-SER...

He vuelto a florecer después de la sequía
de mi corazón,
después de plantarme en lo más árido
del hartazgo de mí,
de la vida y de todo.

No es sencillo como lo describo aquí,
pero han de saber que el mejor regreso
sucede en el dolor, el silencio y la esperanza
de nunca volver a esa relación
que te sacó de golpe de tu zona de confort.

RENUNCIAR A UNA MISMA...

¿Cuánto podemos estar dispuestas
a renunciar a nosotras mismas
por alguien más?
Tanto,
que dependemos de ellos
y nuestra vida va muriéndose
cuando eligen irse con alguien más.

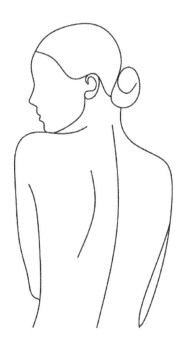

TU FORMA DE AMAR...

El amor bonito no duele,

no te limita,

no te condiciona,

no es amar a ratos,

no es amar con engaños.

Elimina de tu vida esa idea,

esa definición,

esa creencia.

Otras formas de amar

pueden ser posibles,

después de haber sanado todas tus heridas

que le fueron hechas a tu corazón.

SANAR...

Y cuando menos lo piensas,
te vez obligada a dejarle de amar.

El alma se te desgarra,
y todos parecen haberte dicho
la verdad.

Intentas calmarte,
pensando que todo va a pasar,
pero antes tendrás que aprender,
reconocer y sanar,
para poder recibir lo que viene,
y de nuevo volver a empezar.

Volver a empezar sin los recuerdos
de un ayer,
y seguir con tu vida
sin los fantasmas de un mal amor
que se fue y te dejó a la deriva,
sin importarle que podrías haber estado
sintiendo por él.

MI OTRO YO...

Estaba a punto de rendirme

cuando me habían dejado el corazón devastado,

pero no fue así,

en ese dolor conocí a alguien valiente,

fuerte y resiliente,

que ni siquiera imaginaba

habitaba dentro de mí.

VIVIR EL DUELO…

¡Aquí en mi corazón,

no ha parado de llover desde que te fuiste!

La verdad temo que se inunde

y pueda morir porque no sé nadar,

estoy cansada de ir contra corriente,

cada intento es hundirme más y más.

Desde afuera se ve tan fácil flotar,

debieran estar en mi lugar para comprender lo difícil

y doloroso que me está siendo nadar,

aunque sea por instinto,

por sobrevivir,

cuando ya me he declarado muerta en vida.

He de pedir ayuda, pero me niego a que alguien

me rescate o salve.

¡No quiero un salvavidas!

Debo aprender a rescatarme y tenerme paciencia

para volver a mí…

A lo que soy,

a lo que nunca he sido,

por estar viviendo para

los otros,

que cuando eligen irse,

casi siempre nos dejan en la corriente más densa

y peligrosa del océano de sentimientos,

que te lleva al abismo de ti,

a la vulnerabilidad,

al desnudo del miedo,

el dolor, la confusión,

la incertidumbre y las pocas ganas

de vivir la vida.

Ojalá pueda ser yo,

quien me devuelva a la vida

y deje de creer que siempre alguien más

pueda venir hacerlo por mí.

PERDERSE...

Para llegar a ti,

a veces tienes que perderte,

quedarte sin nada, ahogarte en el dolor,

vivir en la incomodidad, renunciar, dejar ir,

decir adiós sin querer hacerlo,

intentar e intentar,

aunque muchas veces no sabes cómo cambiar,

mejorar, madurar, aprender y sanar.

INCONDICIONAL...

En la búsqueda de sanar mi corazón,

encontré a alguien que siempre

había merecido mi amor,

alguien que nunca me dejó,

nunca me abandonó

a pesar de haberle olvidado,

haberle herido, seguía conmigo.

Y esa persona que había encontrado

en este proceso,

siempre había sido yo.

ZONA DE CONFORT...

En mi vida han habitado duras batallas,

pero hoy sé que esas batallas

son mis grandes victorias,

porque me sacaron de golpe de mi zona de confort.

LOS SUEÑOS...

Los sueños nunca mueren,
resucitan, hacen pausas,
pero nunca mueren.

No los renuncies, no los despojes de ti,
no cambies nada de ti por una relación,
por alguien que te condiciona,
te limita, y no quiere verte crecer.

Siempre, siempre,
hay un momento y un espacio
donde volverán a latir muy fuerte dentro de ti.

ÁMAME BIEN...

Yo no quiero un amor a medias,

de ratos, de paso.

Yo quiero que elijan amarme sin dudas,

sin miedos,

sin pretextos, sin ser un casi algo,

si no es así,

por favor no me ames.

RENUNCIA...

Renuncio a la idea de perderme
de nuevo por alguien más.

Renuncio a la fuerza de un pensamiento
que me reclama vivir
para los otros.

Renuncio a lo que he aprendido
y tanto me ha costado la vida.

Renuncio a volver
por el mismo camino,
por las mismas cosas,
las mismas relaciones.

Para hoy empezar a amarme
como nunca lo había hecho conmigo.

Hay renuncias de amor que involuntariamente debemos hacer,

porque es la única manera de sanar y cicatrizar...

NUNCA...

Nunca me volverás a ver

y encontrar

en el mismo lugar

donde me dejaste.

VOLAR...

La misma vida te muestra siempre los nudos
que tienes que desatar,
y aunque los tengamos visibles,
no siempre estamos dispuestos a desenredar
para poder elegir nuevamente un destino
que sí se quiera volar.

AMAR-TE SALVA…

Sin duda alguna

el amor más bonito abunda dentro de ti,

pero nadie lo sabe,

hasta que amarte,

es tu única razón para dejar ir

todo lo que un día dolió para ti.

¿QUIÉN TE ROBA TU PAZ?

Si pudiéramos tener la certeza de lo que hoy duele
y que con el paso del tiempo cambia de forma,
podríamos ahorrarnos lágrimas y desgaste mental,
por esas personas que nos roban la paz.

NUNCA MÁS…

No podemos seguir marchitándonos,

no podemos seguir apagándonos,

no podemos seguir esperando a personas con dudas,

inseguridades y miedos que nos tienen en la sala de espera

para estar disponibles sólo cuando ellos quieran.

AMAR Y CRECER…

Hay amores que están destinados a ser,
pero también hay amores que sus tiempos de estar,
están limitados y condicionados para hacernos crecer.

AMARTE…

En el amor hay demostraciones de afecto

que se perciben y se vinculan con tu corazón

antes que la razón,

pero muchas veces nos negamos a aceptarlo,

a pesar de saber que es necesario tomar distancia

porque nos hacen daño.

Tú,

tu centro, tu universo,

nunca el otro, no lo olvides.

MIGAJAS DE AMOR...

Curioso descubrir que hay más de ti

después de un desamor,

haces todo lo posible por recuperarte,

reponerte,

sanarte y transformarte.

Que irónico saber que,

a raíz de un desamor

de una persona que no te amó,

regresas a ti para nunca permitir migajas de amor.

CAMBIOS...

Hay batallas que las vamos viviendo en silencio,

con el llanto contenido y pausado en el tiempo.

Hay muertes que no son físicas, son del alma

que nadie sabe, nadie ve.

Pero lo que sí pueden ver y reconocer,

es la persona que se transforma

y vuelve a renacer.

SENTIR...

Por las cosas que no se dicen,

por lo que se guarda y se resguarda,

por lo que se aloja y desaloja

en nuestra mente impávida,

inquieta e incesante.

Ahí donde se habita y se cohabita,

por lo qué es y será,

por lo qué vive y revive,

pero sobre todo por aquello que no se pronuncia

ni se promulga,

por lo que nos hemos negado siempre:

SENTIR.

HABITARTE…

Tu mayor misión en la vida
quizás o debiera ser,
que algún día,
tú puedas elegir conocerte,
habitarte, *HACER* las paces contigo.

Vivirte desde la libertad del gozo y disfrute de ti,
de tu cuerpo y tu existencia.

Despojar de tu mundo interior las limitaciones,
los miedos, las inseguridades, represiones
y toda negación
que te mantienen en guerra con tu sentir,
pensar, tu vida, tu cuerpo y los demás.

MORIR EN SILENCIO…

Por las veces que morí y nadie se enteró.
Por las veces que el alma se me desgarraba en pedazos.
Por todas las veces que quise gritar
pero me obligaba a llorar en silencio.
Por todas las veces que mantuve una lucha
entre lo que sentía y debía hacer contigo.

Al final me di cuenta que alejarme de ti,
había sido lo mejor que pude hacer por mí,
aunque moría en silencio.

DESTIERRO...

Confieso haber tenido una reacción alérgica a ti,
a tus besos, piel, voz y amor,
pero tu forma de amar caducó,
ya no me convencía,
aunque te ibas y venias,
sin tú imaginarlo tomé fuerzas y valentía
para desterrarte de mi vida.

REPETICIÒN...

¡Qué vas a saber de mí!
Si tuve que coserme el corazón
sin anestesia muchas veces,
ya perdí la cuenta del número exacto
que volvía a caer en lo mismo.

En mí,
habitaba algo que no había querido sanar,
y era lo que me hacía permitir
siempre las mismas
formas de amar.

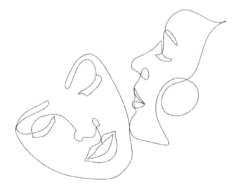

VULNERABILIDAD…

¿Quién después de ti?

Tú que me has abandonado,

y yo me he quedado con una herida en el corazón,

en la soledad,

inundada de dudas.

¿Quién llega y viene a mí?

¿Quién ahora está conmigo y no se quiere ir?

¿Quién me habita?

Entre el llanto, enojo, celos, impulsividad,

en todo y nada,

a solas,

sin ganas, devastada, acabada.

La vulnerabilidad me visita,

y me hace estar a la vista de todos,

principalmente de mí misma,

para hacer frente lo que cuesta aceptar

y cambiar.

AMORES BONITOS…

Los amores bonitos se construyen
después de sufrir, doler,
soltar, dejar ir, renunciar, decir adiós
a esa persona que nunca nos amó.

Los amores bonitos se construyen
después de haber sanado las heridas,
de haber trabajado en una misma,
de haber dejado el orgullo para pedir ayuda
cuando pensamos que no podíamos
seguir con nuestra vida.

Los amores bonitos, no se buscan,
se encuentran,
y se encuentran primero en ti
y después en alguien más.

REGALOS DE UN DOLOR...

Y cuando menos lo esperas,

te vuelves a recuperar,

todas tus partes fragmentadas se empiezan

a acomodar

para volver a empezar,

después de haberle permitido a ese amor

hacer un caos en tu vida,

sin imaginar que en el dolor regresarías a ti misma.

TE GANASTE.

No,

nunca dejes de amar bonito

sólo porque alguien se fue tu vida

sin decir adiós.

Déjalos creer que tú perdiste,

déjalos creer que ellos ganaron.

Y aunque quizás él y los demás

no lo entiendan,

tú ganaste,

tú te encontraste,

tú regresaste a ti,

tú te sanaste,

tú sabes amar bonito.

Ya llegará nuevamente

ese momento en que alguien elija amarte,

respetarte y valorarte,

alguien que,

como tú ame bonito.

Nada se va si tú no lo quieres,

    todo se queda si lo permites.

EXPECTATIVA…

Ni tú ni yo cumplíamos con nuestras expectativas,

quizás eran tan altas y demandantes,

que nos hacía falta mucho para convencernos

que éramos el uno para el otro

o quizás no éramos ni lo más parecido

o allegado a lo que nuestro corazón

buscaba para ti y para mí.

TE QUIERO...

Te quiero,

te quiero a pasos chiquitos,

te quiero a besos despacitos,

te quiero a distancias infinitas,

te quiero y te quiero,

tanto te he empezado a querer,

que elijo quererte

porque te quiero querer.

TEMPORALIDAD…

En tus ojos puedo ver el amor
que tienes para mí,
¿quién ha hablado de tiempo?
Aquí el tiempo no existe,
a menos que tú quieras ponerle caducidad.

DIA 1 ...

¡Intento fingir que aquí no pasó nada!

Quisiera ser como lo estas siendo tú conmigo,
pero me es imposible dejar de amar de un día para otro.
Solamente yo,
sé que dentro de mí
en estos precisos momentos está pasando de todo
y a la vez nada.

Estoy agotada, cansada, sin ganas,
queriendo arrancarte de mis pensamientos.
¡Creer que esto apenas comienza!

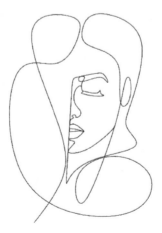

*Hoy es el día 1,
sin ti...*

Ven y toma mi mano,

vamos a caminar la vida a latidos fuertes

y pasos iguales...

PARA FINALIZAR ESTE CAPÍTULO III.

Recuerda que antes de él, tú tenías una vida propia: metas, proyectos, prioridades etc.

¿Cómo quieres que sea tu vida ahora?   ¿Qué sigue?   ¿Qué más es posible?...

_____

_____

_____

_____

_____

_____

_____

_____

_____

Para volver a mí...Te tuve que dejar ir.   Suleydy Gabriel Gaspar. ♥

IV.- FE EN MÍ...

Nadie muere de amor después de una separación,

aunque así lo creamos.

¡Existimos muchas sobrevivientes de un desamor!

Y después de un adiós,

¿Quién eres?

¿En quién te conviertes?

Dejé de elegirte,

para elegirme a mí…

APRENDIENDO A VIVIR SIN TI…

Estoy aprendiendo a vivir sin ti,

no me ha sido fácil,

pero estoy intentando arrancarte por completo de mí,

hasta que ni un resto de tu recuerdo me habite.

Y sí,

quizás un pequeño recuerdo

venga a mí de vez en cuando,

pero sé que ya no dolerás.

SANAR...

Decirte adiós me ayudó a trabajar,
sanar y curar todas las heridas
que se abrieron después
de separarme de ti.

TAN ENAMORADA...

Una vez alguien se enamoró tanto,
tanto de alguien,
que se olvidó de sí misma.

Sacrificó sueños,
objetivos y metas por estar con él.

Renunció a su propia vida
para estar en lo
poquito que le permitía ese alguien
estar en la suya.

Se entregó tanto a una relación,
olvidando que debía ser de los dos
y no sólo de ella.

Pero una vez se hartó de siempre
recibir lo mismo,
de ser un casi algo,
una opción.

Y con mucho dolor,
tomó la decisión más difícil:
Decir adiós.

Decisión que había pensado
desde hace mucho tiempo:
Recoger su amor que había sido rechazado
y desperdiciado con él,
para dárselo a la única persona que siempre,
siempre,
antes de él debió amar:
A ella misma.

VOLVER A VIVIR...

Después de darle fin al amor,
¿Qué sigue?
Sigue volver a ti,
retomar tu vida, tus sueños,
tus proyectos, trabajar en ti.

Antes de estar con él, tenías tu propia vida.

Y aunque se hayan ido de tu vida,
no significa que todo para ti
aquí se termina.

SUELTA...

Suelta a esa persona, a ese antiguo yo,

esa relación, ese desamor,

ese recuerdo, ese dolor,

suelta todo.

Todo lo que pesa y no te deja avanzar,

para continuar con tu vida una vez más.

Vete,

ya no esperes que te digan que todo terminó,

dicen más las acciones

que las palabras esperadas de una explicación.

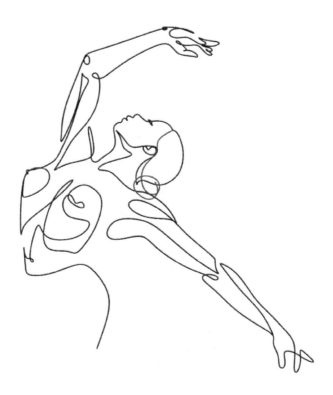

Vivir sin él duele,
   pero duele mucho más vivir sin ti...

UNO DE DOS...

Las relaciones de pareja
siempre son de dos personas,
no de uno que todo hace,
da, intenta, espera, aguanta y busca ayuda.

¿Y el otro?

Quizás es quien ya no quiere nada,
y aunque duela aceptarlo,
no podemos hacer más,
quizás desde el principio sólo fingió amarnos.

174

DÉJALO IR...

Si nos dejan,
déjalos ir con o sin explicación.

Hay palabras y hechos que dicen más de él,
que de ti.

Déjalos ir,
aunque tú aún los ames
y no lo entiendas,
déjalos ir.

No podemos retener,
obligar o pedir que se queden
si ellos ya no quieren.

Por eso y mil razones: *Déjalos ir.*

PUNTO FINAL....

Hay finales que son dolorosos,
existe un punto final que asegura,
reafirma y confirma que todo se terminó,
sin posibilidad de un regreso
entre los dos.

VOLVER AMAR...

Gracias por mostrarme una posibilidad
en mi vida que había elegido matar.
Gracias por recordarme que desde hace mucho
estaba lista para volver amar.
Gracias porque tú sin saberlo
y yo sin buscarlo,
hoy me permito volver amar.

NUNCA...

Nunca olvides porque se fue de tu vida,

aún más,

en esos momentos cuando tu mente piensa

en una esperanza de volver con él.

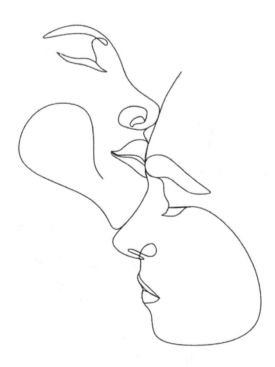

El amor nunca debe doler,

   lo que sí duele y harto,

      es la idea que nos han hecho creer

         que debe ser el amor.

Estoy aprendiendo a *vivir sin ti*,

    viviendo la herida entre ensayo y error,

        estoy poniendo más *mente* que *corazón.*

OJALÁ...

Ojalá allá donde elegiste irte te vaya bonito.

Ojalá no regreses porque no funcionó como tú querías.

Ojalá esta vez pueda tener el coraje y valor para decirte ya no.

¡Se acabó!

A TIEMPO...

Aún estas a tiempo de salvarte,
decir ya no más,
se acabó, ya no quiero.

Aún estas a tiempo de salvarte
de las expectativas,
ilusiones, esperanzas,
miedos, inseguridades, desamor.

Estas a tiempo de soltar
y decir adiós a esa persona que
no hace nada por ti,
pero tampoco quiere dejarte ir.

CONFIAR EN TI...

En ti yace un caudal de oportunidades

y posibilidades

que dejan de estar disponibles

cuando el miedo te abraza,

cuando la inseguridad te ata,

y cuando elegimos quedarnos

en ese mismo lugar sin querer avanzar,

sin querer soltar a un pasado

que debe dejarse atrás.

RENUNCIA...

Duele renunciar a todo

lo que hemos creído nuestro,

duele dejar atrás todo lo que pensamos

que era para siempre,

duele desterrar todo lo que ya no es para uno.

Duele, pero lo que más duele,

es quedarse ahí donde ya sabemos que no

nos quieren y permitimos que nos pisoteen.

LIBÉRATE...

Dejar ir es un acto de amor para ti

y para esa persona,

aunque duela, no lo entiendas,

déjales ir.

Es liberarlos de ti

y liberarte de él,

porque sabes que no te hace bien.

POR EL BIEN DE LOS DOS...

Y una misma elige irse, renunciar, aceptar,
continuar y volver a comenzar
cuando ya no queda más.
Ante la indiferencia del otro,
la mejor solución es decir adiós
por el bien de los dos.

VOLVER A LA VIDA…

En mi piel se quedan las memorias,
historias de dolor y sufrimiento
que dejaron cicatrices
y me llevaron al abismo.

Naufragué y me ahogué en el océano
de mí misma,
me había olvidado de mis heridas
de la infancia
que se mutaron
con las heridas del desamor.
No sabía nadar,
me quedé a la deriva,
sin imaginar que podía resucitar.

¿Cómo lo hice?
Ni yo misma sabía,
pero déjame decirte que siempre
una gran fuerza y valentía
te habitan,
aunque no lo veas, no lo creas,
siempre hay una manera de volver a la vida.

DESPUÉS DE UN ADIÓS...

Al irse una persona de tu vida
queda un vacío que no se llena
ni se rellena con nada,
y aunque tengas tu corazón en pedazos,
tu vida sigue.

Cada paso,
cada respiro y el vivir
se vuelven tan dolorosos,
tristes, agobiantes.

Pero llega por fin ese momento
que deja de sangrar la herida,
deja de doler,
y comprendes
que puedes ser feliz sin él.

Si me preguntan por ti…

Diré que elegiste ser feliz.

NOSTALGIA ...

Muchas veces la nostalgia del pasado
es el huésped principal de nuestra vida,
nos hace volvernos invisibles
ante nuestro presente.
Le damos el derecho que nos robe
nuestros sueños, proyectos,
paz y las ganas de volver a amar.

ME QUEDÉ...

Él se fue y yo me quedé.

Me quedé con las ganas de vivir la vida con él.

Me quedé con un amor no correspondido.

Me quedé esperando su regreso
y jamás volvió.

Después de un tiempo comprendí que fue lo mejor.

Lejos de ti
puede sanar y regresar a mí.

INTENCIONES...

Distinto fuera si todos pudiéramos

mostrar la intención de nuestro amor:

¡Quiero amar!

¡No quiero amar!

¡Quiero jugar!

¡Busco un casi algo!

¡Quiero divertirme!

Así podríamos tener precaución al cruzar

ese espacio del otro,

y no salir con una tremenda

herida en el corazón.

Te dejé ir,

queriendo y no queriendo…

Y sé que tomé la mejor decisión

de elegirme a mí,

para liberarme de ti.

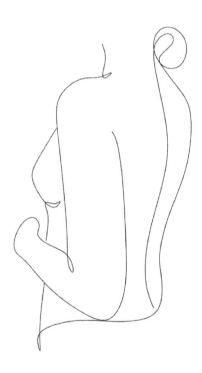

NO MUERES…

No mueres después de un desamor,

aunque así lo pienses y sientas.

Siempre sobrevives,

siempre vuelves a ti,

siempre vuelves a sonreír,

siempre vuelves a florecer,

pero nunca mueres por ese amor

que se fue, no regresó y nunca fue para ti.

GANAS-TE...

No perdiste en esa relación,

tú ganaste,

te ganaste a ti

y soltaste a quien ya no era para ti.

AMORES...

Hay amores que nos vienen

a mostrar lo valiente, fuertes y resilientes

que somos para volver a una misma,

aunque nuestra emoción secuestre nuestra razón

y no lo comprenda nuestro corazón.

DEJARTE IR...

Me sigues doliendo,
que no puedo mentir,
ni suponer que dejará de doler la herida.

Estoy aprendiendo cada segundo
a despojar cada pensamiento,
cada recuerdo y cada hábito que tenía junto a ti.

Ojalá pudiera existir un instructivo para dejar ir
cuando nos urge hacerlo.
Tengo una urgencia de quitarte de mis pensamientos,
de mi piel,
de cada rincón de mí.

Estoy aprendiendo cada día
a estar más tiempo conmigo.
Estoy consciente que estoy aprendiendo
a dejarte ir,
a pasos chiquitos
y pausas grandes.

Estoy aprendiendo a dejarte ir,

no sé cómo, cuándo y con qué,

pero estoy buscando todo lo posible e imposible

para que un día de estos,

tú recuerdo ya no me duela.

RECUERDOS...

No permitas que los recuerdos te detengan,

si tu corazón se nubla y tu alma llueve por dentro,

por favor, no te detengas.

¡Qué tu vida sigue!

Y nada se termina por la ausencia de alguien

que no valía la pena seguir teniendo en tu vida.

Que el fuego de tu alma nunca se apague,

   sólo porque él se fue y ya no volvió a tu vida…

AMARTE…

Que tu revolución sea amarte

y dejar de juzgarte,

aún más en esos momentos

en los que quieres volver atrás,

pensando que con él era mejor estar.

TREGUA...

Estoy aprendiendo a vivir con la herida.

No ha sido nada fácil,

pero aquí estoy haciendo tregua.

Dejaste de doler…

Poco a poco.

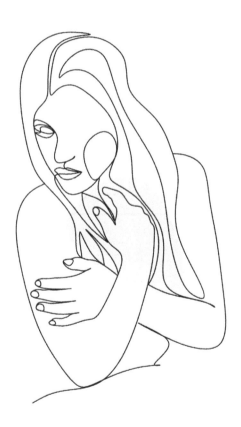

MERECER…

Nos merecemos una última cita,

un último beso,

un último abrazo,

un último encuentro,

una última conversación.

Nos merecíamos todo,

pero ni tú ni yo queríamos seguir intentándolo

una vez más.

AJENA A TI...

Elige regresar a tu tierra,

tu raíz,

tu hogar.

No estás ajena a ti,

estabas ausente de ti,

de tu vida,

viviendo para él y no para ti.

NUNCA MÁS...

Recuerda que algunas veces tenemos

que mirar atrás,

para tener presente

que ahí nunca debemos regresar.

JURO...

Segura de estar en mí,

segura de nunca,

jamás,

regresar a esos lugares y personas

que apagaron mi vida,

robaron mi sonrisa

y me hicieron creer que me querían.

INCOMODIDAD...

Gracias incomodidad
por moverme de mi sitio,
de mi zona de confort estando con él,
y que de manera involuntaria
tuve que dejarle ir.

En ese adiós y dolor,
pude reconocer la fortaleza y valentía
que no sabía
que habitaban en mí.

ELÍGETE...

No dejes de avanzar por esperar que él
se decida por ti y te elija en su vida.
Recuerda que la mejor elección de tu vida,
es *elegirte a ti misma.*

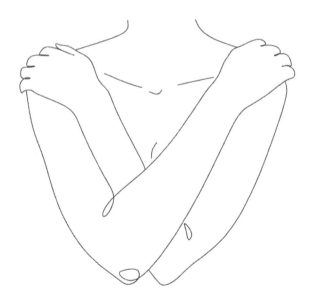

INCONDICIONALES...

Agradezco al dolor y el sufrimiento

que me acercaron más a mí,

pero sobre todo me permitieron

saber en quiénes puedo confiar

y están siempre para mí sin juzgar.

PAZ...

Deja de permitirle a ese amor
que limite tu vida,
mejor limítalos tú
de tu vida,
por tu paz y tu estabilidad emocional.

ME PERMITO...

Permítete sanar todo eso que todavía duele,

carcome, paraliza, pausa,

no te deja vivir,

 mata y hiere.

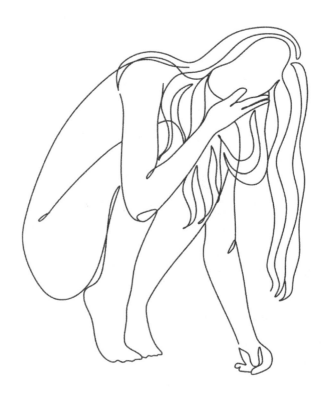

VOLVER...

Ahí en ese lugar donde una se pierde

y se abandona por una persona,

llega un momento en el que,

volver a ti misma es una gran victoria:

trabajas en ti,

te amas más,

no permites que te vuelvan a engañar

y traicionar.

RESUCITAR...

Hay amores que cuando se van,

nos matan las ilusiones,

los sueños,

las esperanzas,

las ganas de seguir,

nos matan la vida,

pero no saben que después de un tiempo,

tomamos fuerza,

nos volvemos a resucitar

y volvemos a amarnos

a nosotras mismas y a los demás.

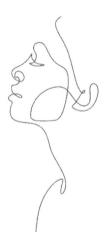

ADIÓS PASADO…

Hoy elijo estar presente en mí,

vivir para mí

y abandono el pasado que me ataba a ti.

LO QUE SÌ Y LO QUE NO...

Hoy elijo tener claro lo que sí,
y lo que no quiero de una persona,
una relación,
de la vida,
e inclusive de mí misma.

DEJAR DE INSISTIR...

Renuncia a todo lo que ya no es para ti

y sigues insistiendo que sí.

Nada,

ni nadie que quiera verte feliz,

te haría sufrir.

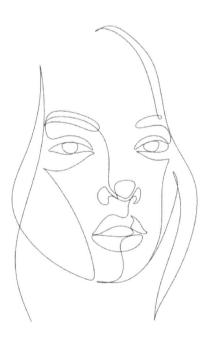

ME QUIERO...

Me quiero a pasitos chiquitos,
me quiero a besos despacitos,
me quiero a distancias infinitas,
me quiero y me quiero.
Tanto me he empezado a querer,
que elijo quererme porque me quiero querer.

AMAR NO ES…

Amar no es sacrificar todo de ti,

por alguien que no te quiere,

no te valora,

no te elige en su vida.

Por favor,

no te olvides de ti,

para desvivirte por otra persona

que nunca hace nada por ti.

RECUERDOS...

Podemos elegir quedarnos

con el recuerdo de ese amor,

por lo que hizo y nos dio,

pero también por lo que nunca hizo

y no dio en la relación.

Ganas cuando sabes que tú

tuviste la gran victoria,

al aceptar que ese amor se fue

porque no debía seguir más en tu vida.

Llegaste a mi vida

para mostrarme otra forma de amarme

y amarte…

RESTOS DEL AYER...

Trabaja en ti,

sana, deja ir,

suelta, libera,

para que cuando sepas amarte,

te ames bien y puedas volver a amar

sin los restos del ayer.

.

BÉSAME...

Bésame y convénceme que tus besos
son besos del amor bonito, sano y responsable,
de esos besos que no da cualquiera,
de esos besos casi imposibles de existir actualmente.
Bésame y hazme saber que contigo el amor se crea, vive,
se siente y es diferente.

ADIÓS...

Me duele decirte adiós,

de hecho, ni siquiera puedo pensar

y pronunciar

un adiós entre tú y yo.

Me secuestra el miedo.

Tanto te he querido,

que despojarme de ti,

de todo, me tortura.

Me pido valentía y amor para mí,

para entender que nada entre nosotros

había estado bien.

Sólo es la ilusión que ha cegado mi amor por ti,

y me he olvidado de lo que realmente

merezco para ser feliz.

EL PODER DE SALVARSE LA VIDA…

Debiera haber sabido que salir del risco
del dolor y sufrimiento era mi puente
para salvarme de todo aquello que era insano,
tóxico y letal para mí.

Algunas veces debemos hundirnos
en lo más recóndito de uno mismo
para enfrentar los miedos,
las heridas del pasado,
hacer frente y de una vez por todas
tomarnos de la mano
para tener la posibilidad de salvarnos.

Pero pocos lo llegamos a descubrir.

La mayoría huye, evita y busca donde no debe,
sin ser conscientes que todo está ahí cerquita,
habitándoles.

INTENSIDAD...

Amo un montón,
un chingo,
con intensidad,
porque no sé otra manera de hacerlo.

Estoy dispuesta a cuestionarme,
cuestionar esa sutil y desenfrenada forma de amarte,
pero debes saber que no hay mayor culpa en los dos.

Ambos somos responsables
de lo que hemos elegido ser y hacer.

Con más consciencia,
hoy me disculpo y me perdono por amar tanto
a alguien más,
que a mí misma.

SOLTAR EL CONTROL...

Quiero que me ames
y me ames bien.

Sé que pedírtelo está de más,
porque si quiero que me ames,
amarme debe nacer de ti.

Tampoco puedo sugerirte que hagas
lo que yo quiero.

¡Vaya ocaso pensar que los amores deben ser
como uno piensa que son!

¡Quiero que me ames como pienso que debes amarme!
¿Por qué mi mente me dice una cosa y corazón otra?
Entonces,
¿Cómo es la forma perfecta del amor?
¿Cómo se debe amar?

Quizás tú me puedas enseñar,
y si no, juntos poder aprender a amar.

¿Cómo debemos amarnos?
Si cada uno ama como la vida le enseñó.

Estoy comprendiendo que,
prefiero amarte en la forma tan imperfecta
que nace entre dos personas que eligen unir
sus corazones por cierto tiempo o para siempre,
aunque eso implique que uno de los dos
salga con una herida en el corazón
queriendo olvidarse del amor.

VIVIENDO LA RUPTURA...

Fórmula mágica no hay,
ni tampoco un manual
o instructivo de cómo,
cuándo, qué, dónde poder enunciar
y pronunciar un adiós.

El adiós más puntual,
el adiós más doloroso quizás,
ese adiós que lacera tu corazón
y te da la muerte lentamente,
en pausas para sentirse más.

Valiente eres
si aún amando tanto,
reconoces que no hay profundo amor que,
el que te has negado a ti por él.

Que valiente aceptar que ya no hay
nada más para remediar
porque lo has intentado todo.

Que valiente enfrentar tu miedo de
¿qué pasará después?

Que valiente poner un límite
y decir aquí no es,
se acabó, me voy.

Que valiente contenerse a las inmensas
ganas arrebatadas
y desenfrenadas de decirle
ámame,
no me dejes ir.

Que valiente ponerte un freno
para no salir corriendo
porque tienes la urgencia de saber
¿Dónde está?
¿Con quién está?

Que valiente que aún así,
con el alma destrozada,
hay un fueguito en ti que no se apaga
y te rescata.

Ojalá pudiera saber qué camino tomar y qué hacer,
pero entre más lo pienso, más me enredo.
¿será que deba permitirme un descanso para volver a tener la
voluntad de confiar nuevamente en mí?

Gracias vida por mostrarme la posibilidad

de elegirme a mí misma,

pero,

sobre todo

elegir vivirme diferente.

VICTORIA DE AMOR…

Ya no me dueles,

y no sabes cuánto pedí porque este momento llegara.

No me ha sido fácil desprenderme de ti,

pero aquí me tienes,

celebrando una victoria de amor para mí.

Hay un antes y un después de ti:

el engaño, la herida, la cicatriz y el volver a mí.

PUNTO FINAL...

Hay un par de versos
que he dejado incompletos por ti,
he elegido ponerle punto final
porque no hay nada más que escribir
desde que elegiste irte de mí.

DE MÍ, PARA MÍ...

Tú y yo sabemos que era necesario
desnudar los miedos y las heridas,
porque de esta forma hemos sanado
y aprendido a amarnos.

CRIMEN PERFECTO...

¡Mi yo que te amaba ha muerto!

Y murió porque tú lo mataste,
lo asesinaste lentamente con tus mentiras,
acciones y tu forma tan hábil de trazar
el camino de huida.

Quizás eras un profesional en esto del amor,
mientras que yo,
había sido una novata
en busca del verdadero amor.

HAY AMORES…

Hay amores que llegan a nuestra vida
para enseñarnos a soltar, sanar,
cuestionar nuestra forma de amarnos
y amar a los demás.

ABRIR LAS HERIDAS…

Ojalá pudiéramos tener la certeza
de saber la caducidad de nuestro amor,
para que tú y yo podamos disfrutarnos,
amarnos y vivir la vida sin limitaciones,
sin miedos, inseguridades, heridas del pasado
que no hemos hecho tanto caso.

Y cuando tenemos la oportunidad de amar,
cargamos con el dolor y el sufrimiento
que no hemos sanado,
volviéndose a abrir y sangrar las heridas de ambos.

Estamos a un paso de olvidarnos,

aunque tú y yo sabemos que un fragmento

de nosotros vivirá

y se quedará para ser recordado.

DEJASTE DE DOLER…

Cuando todo termina,
siempre uno se queda en la deriva,
en las ruinas, en las cenizas,
en las brasas de un fuego que ardía
y que se tuvo que apagar con el mar de dolor,
de la desilusión y del juicio de todo
lo que se viene con un adiós.

Tu recuerdo ya no me ronda,
y me siento muy feliz
porque he superado la decepción.

Ha dejado de sangrar la herida,
se ha reconstruido el puente de amor a mí misma.

Me celebro haber ganado la dura batalla con los pensamientos
y tu recuerdo.

¡Has dejado de doler!

Y no sabes la paz que tengo.

ENGAÑO...

Ya es tarde para que vuelvas
creyendo que aún te necesito en mi vida.

Ya es tarde para remediar los agujeros hechos al corazón.

¡Ya es tarde!

He trabajado mucho en mí,
he soltado y sanado todas mis heridas
que algún día me hicieron creer
que alguien como tú,
era para mí.

ENGAÑO II...

Y cuando más te amaba,
te fuiste sin pensar en mí.

Y creo que algunas veces está bien pensar en uno mismo,
pero te recuerdo que estábamos en un nosotros,
en una relación o al menos eso creí.

Me soltaste y jamás supe de tus labios qué pasaba,
fui poco a poco descubriendo los motivos y me dolió.

Me dolió saber que nunca habías
sido honesto conmigo.

PARA FINALIZAR ESTE CAPÍTULO IV.

¿Qué vas a ser y hacer hoy para ti? ¿Cómo quieres que sea tu vida? ¿Estás dispuesta a ser honesta contigo y sumergirte en la profundidad de ti, para identificar y reconocer que hay aspectos que debes cambiar?

_____

_____

_____

_____

_____

_____

_____

_____

Para volver a mí...Te tuve que dejar ir.   Suleydy Gabriel Gaspar. ♥

_____

_____

_____

_____

_____

_____

_____

_____

_____

_____

V.-CUESTIONANDO

MI

FORMA DE AMAR...

LA RUPTURA…

¿Acaso para el amor hay caducidad?

¿Hay amores que caducan?

¿Cómo se cura un desamor?

Nadie nos prepara para una ruptura, a veces de manera involuntaria y sorpresiva sucede, cuando más amas te obligas a dejar ir (porque ya el interés de una persona es otro, por acuerdo o simplemente se fue y no te dijo adiós.)

Cada persona ha crecido en contextos diversos donde se ha establecido un patrón de esquemas, ideales y expectativas que conforman el referente de cómo debe ser, hacer y mostrarse el amor romántico y nosotros en las relaciones amorosas, tomando en cuenta que nuestra historia familiar y social nos contribuye a tomar decisiones basadas en lo que hemos creído como verdadero y normal, siendo que muchas veces llegamos a normalizar acciones y comportamientos que no se deben permitir dentro de las relaciones de noviazgo.

Deseo que tengas presente que, hoy puedes cuestionar este proceso y analizar tu historia de vida para traer al presente aspectos que puedes cambiar, siempre y cuando te permitas reconocerlos, aceptarlos y creer que tienes elección de crear una vida diferente para ti.

No tienes que seguir haciendo y eligiendo lo mismo. Analizar aspectos de tu historia y experiencias te ayudará a ser consciente de lo que ya no estamos dispuestas a volver a vivir, pero sobre todo jamás volver a permitir.

Vivir una ruptura amorosa es parte esencial de la finalización de una relación de noviazgo, todos pasamos por ello y cada uno vive, siente y expresa de diferente forma. Por eso es importante no comparar nuestros procesos y sólo enfocarnos en nosotros mismos.

En la ruptura amorosa se empieza a desprender, sacudir, despojar la rutina, hábitos, sentimientos que se tenían por ese amor. Sé que muchas veces no se quiere hacer, pero es necesario y urgente para poder pasar al siguiente nivel de nuestra vida, ir sanando hasta volver nuevamente a nosotras mismas, sin los escombros del desamor.

Existen muchos motivos por los cuales se vive una ruptura amorosa. Las formas en las que vamos afrontándolas algunas veces no son las ideales para ayudarnos a generar cambios positivos en nuestra vida.
De esta manera es imprescindible reconocer desde qué postura, ideal, creencia, punto de vista estamos percibiendo la situación, y en qué espacio nos encontramos, ya que de ello depende que el proceso del duelo se viva más a nuestro favor.

Recuerda que en este momento lo único que importa eres tú. No él o ella.

Tú, te quedas y tú importas. Importa tu salud mental.

Debemos tener claro que, *"No podemos forzar a alguien a que nos ame."*

Si esa persona ha elegido irse de nuestra vida, respeta y acéptalo. No debemos ni tenemos que obligarlos a quedarse.

El amor no se forza. Tampoco podemos hacer cosas extremas para retenerlos, eso NO es amor, aunque hayamos APRENDIDO que por amor podemos hacer de todo, como aquel dicho: *"en la guerra y el amor todo se vale."*

¡El amor romántico tiene muchas cosas que debemos cuestionarle!

Amar no es malo, lo desagradable es la manera que hemos aprendido y normalizado que debe ser, llegando a cometer actos violentos que nos lastiman y lastiman a otras personas. Todo en la vida son etapas y algunas veces nuestras relaciones amorosas deben llegar a su fin.

Vivir el duelo ante la pérdida de esa relación, puede resultarte complejo, difícil o imposible porque involucra un tsunami de emociones, sentimientos, pensamientos, conductas y sensaciones, una tremenda lucha con los recuerdos del ayer, la añoranza, la esperanza y el presente sin él o ella.

Ciertas rupturas amorosas son más complejas de vivir que otras, aún más cuando sin saberlo, estás dentro de una dependencia afectiva que más adelante te explico en este capítulo.

Aclarando que, siempre en una relación afectiva el apego es parte del proceso, es normal que establezca un lazo y vinculo a partir de la confianza y cercanía con la otra persona, pero deja de ser normal cuando tu función de ser, hacer y existir crees que depende de tu pareja y no de ti. Es darle las riendas y todo de ti a la otra persona, perdiendo tu autonomía e individualidad.

¡Volver a una misma después de un desamor puede resultar todo un reto, pero no imposible cuando estas dispuesta a todo por ti!

Volver a ti, es un camino que no siempre se quiere caminar. Algunas veces ni siquiera nos atrevemos a avanzarlo, otras veces nos quedamos a mitad del camino, pero también a veces sí podemos llegar al otro lado de ese gran miedo y es ahí donde una vuelve a sí misma.

Al otro lado del miedo estás tú, tu nueva versión de ti, así que, si te detienes que sea para descansar o hacer pausas, pero no para quedarte de por vida en ese sitio con la ilusión o esperanza de un ayer, que muchas veces no vuelve o vuelve, pero sin ofrecerte nada nuevo y te hunde más.

Deberás tener presente desde hoy que, todos tenemos derecho y merecemos que nos amen bien, con respeto, honestidad, reciprocidad, autonomía y responsabilidad afectiva. Ya no estamos para permitir migajas de amor, casi algo, amores que van y vienen, etc.

Para volver a una misma, es necesario despojarse de los fragmentos del ayer, es dejar ir fragmentos de ilusión, esperanzas, recuerdos y todo lo que se vivió en esa relación. Es contarte otra historia, otra narrativa que te ayude a caminar la vida desde otra posibilidad, y no desde el sufrimiento, rencor, desánimo, conflictuándote con tu presente.

Es salirte del espacio del dolor, victimismo, queja. No se trata de esperar el olvido, pero sí ser lo suficiente honestas y conscientes para reconocer que vivir en el pasado, pesa, genera más dolor, te estanca y te roba mucha energía, hay un desgaste mental. Parte del proceso es transitar el duelo, vivir la herida, pero *no quedarse a vivir en ella.*

Es verdad que tu vida cambia, pero antes de ese amor, tú tenías una vida, entonces vamos a recuperar esa vida, vamos a sobre crearnos y actualizar nuestra vida para que nuevas cosas vengan.

Con todo ello quiero invitarte a dejar ir todo ese dolor y sufrimiento que te ha generado esa separación.

Hay cosas que quizás vamos a recordar y guardar, pero también hay cosas que por salud mental debemos restarles mente y corazón para abrirnos camino, espacio a nuevas posibilidades y oportunidades, pero sobre todo que tu total enfoque sea en ti.

"Dejar ir, es volver a ti, trabajar en ti, cuidarte, procurarte y darte todo el amor que le diste a él y te negaste a ti."

Proponte nuevas metas, proyectos, has compromisos contigo misma, elígete a ti, elige diferente, deja de elegir a él o ella, elige crear una nueva vida para ti. Elige sanar todas tus heridas. Elige conectar con tu nueva versión, elige elegirte, nunca soltarte y estar contigo, en ti, estar presente con cada acto de ti.

"Permítete elegirte en esta ocasión, ya muchas veces has elegido a otros y nunca a ti."

CUESTIONAR...

Sé que no es nada sencillo cuestionar la forma en la que hemos aprendido a amar y sobre todo amarnos a nosotras mismas, pero debemos hacerlo para identificar, reconocer y aceptar que nos urge hacer cambios en nuestras creencias, pensamientos y conductas, establecer nuevas formas y maneras de relacionarnos con nosotras mismas y con los demás.

Permitirte cuestionar tu forma de amar, sé brutalmente honesta contigo y reconoce cual ha sido y es tu realidad, desde donde estás siendo y haciendo tu vida amorosa, reflexiona cómo han sido tus relaciones: qué sucede, qué cambia, qué se repite, etc. Dejemos de estar en guerra con el amor.

Por ello te comparto algunas actividades e información que posiblemente te puedan ayudar para generar en ti, tomas de consciencia de lo necesario y urgente que es abrirnos camino a nuevas formas de ser y hacer en el amor.

Desde hoy despoja de ti, la idea que AMAR implica sufrir, sacrificio y dolor.

Tampoco dejes de amar por alguna experiencia desagradable, no definas, ni concluyas que siempre vivirás las mismas situaciones que te pueden mantener en el mismo espacio donde esas relaciones fueron construidas. Es importante reconocer que, mientras no te permitas trabajar todo lo necesario, podrías seguir manteniendo y reforzando los mismos tipos relaciones. Nada tiene que ver con las siguientes expresiones que hacemos referencia comúnmente: "estoy salada en el amor", "el amor no es para mí", "amar es sufrir y mejor no amo", etc.

Me honra saber que, si estás aquí es porque al igual que yo, crees que existen nuevas posibilidades de amar.
Podemos AMAR desde la autonomía, la responsabilidad afectiva, el respeto, empatía, gozo, el placer, la comunión para co-crear relaciones grandiosas con nosotras mismas y los demás.

¿Qué vas a elegir ahora?...

NOTA:

Esta actividad NO sustituye a la psicoterapia.

Sólo es un recurso para generar en ti consciencia de tu manera de amarte y amar a los demás. Por ello las siguientes actividades pueden recordarte que aún hay aspectos de ti que deban trabajarse, y si es así, te recomiendo a tus posibilidades buscar ayuda profesional.

Te despojo de mí, de mi mente, de cada rincón de mi cuerpo.
Te despojo de mi vida, pero principalmente de mi alma,
que es ahí donde lograste echar raíces
y ahora son espinas.
Te despojo,
y aún no sé cuánto tiempo falta
para despojarte por completo de mí.

ME PERMITO…

- Me permito reconocer que hay en mí situaciones que debo sanar y dejar ir.

- Me permito escucharme y escuchar mi corazón para reconocer lo que necesito, debo ser y hacer ahora.

- Me permito percibir, recibir y tomar acción en mi vida para crear algo diferente que en verdad desee por mí y no por lo creo que debería ser a partir de lo que otros esperan de mí.

- Me permito vincularme conmigo misma.

- Me permito actualizar mi vida y dejar atrás el dolor.

- Me permito ser amorosa y respetuosa conmigo misma.

- Me permito ser merecedora de amor.

- Me permito ser feliz.

Me permito ser yo.

¿QUÉ TE VAS A PERMITIR?

YO_____

ME PERMITIRÉ:

_____

_____

_____

_____

_____

_____

_____

_____

_____

I.-CUESTIONANDO AL AMOR.

INDICACIONES: Te pido te des un espacio y un momento para ti. Realiza 3 respiraciones profundas y permítete con total honestidad responder las siguientes preguntas para llegar a la toma de consciencia, y a partir de aquí ser consciente de lo que debes dejar morir, despojar, soltar, sanar, trabajar, para crear una relación distinta contigo y los demás.

1.- ¿Cuál es tu definición de AMOR?

_____

_____

_____

_____

_____

_____

_____

_____

_____

2.- ¿Cómo crees qué deben ser tus relaciones amorosas?

_____

_____

_____

_____

_____

_____

_____

3.- ¿Cómo crees tú, que debe ser y hacer tu pareja en tus relaciones?

_____

_____

_____

_____

_____

_____

_____

4.- ¿Cómo eres tú en tus relaciones? (Describe tus principales emociones, pensamientos recurrentes, comportamientos.)

_____

_____

_____

_____

_____

_____

5.- ¿Quiénes han sido tus referencias para elegir y construir tus relaciones amorosas? (Por ejemplo, la relación que tuvieron tu papá y mamá, abuelos, relaciones de películas, novelas, etc.)

_____

_____

_____

_____

_____

_____

6. ¿Cuáles han sido los principales conflictos que se manifiestan en tus relaciones?

_____

_____

_____

_____

_____

_____

7.- Existe alguna situación que sea repetitiva en todas tus relaciones. ¿Cuál o cuáles

son?

_____

_____

_____

_____

_____

_____

8.- ¿Qué cambios haces en ti y en las diversas áreas de tu vida cuando estás en una relación amorosa?

_____

_____

_____

_____

_____

9.- Al terminar una relación amorosa...

¿Qué haces?
¿Cómo reaccionas?
¿Qué emociones manifiestas? ¿Qué piensas?
¿Qué decisiones tomas? ¿Pides ayuda, consejos, etc.?

_____

_____

_____

_____

_____

Para volver a mí…Te tuve que dejar ir.   Suleydy Gabriel Gaspar. ♥

10.- ¿Qué características particulares te gustan en una persona para que sea tu pareja?

_____

_____

_____

_____

_____

_____

11.- ¿Cuál es el propósito de tener una relación amorosa para ti?

_____

_____

_____

_____

_____

_____

_____

12.- ¿Cuál es tu percepción de la relación de pareja que tuvieron tu papá y mamá?

_____

_____

_____

_____

_____

_____

13.- ¿Crees que estas repitiendo las mismas situaciones que vivieron tu papá y mamá? (Describe todo lo que pienses acerca de ello).

_____

_____

_____

_____

_____

_____

_____

_____

_____

14.- ¿Cómo te gustaría que fueran tus relaciones amorosas más adelante?

_____

_____

_____

_____

_____

_____

_____

_____

_____

_____

_____

_____

_____

_____

_____

_____

15.- ¿Estas dispuesta a soltar, renunciar y dejar ir todas las creencias del amor romántico para construir relaciones amorosas sanas y autónomas? ¿Qué vas hacer para que eso suceda?

_____

_____

_____

_____

_____

_____

_____

_____

_____

_____

_____

_____

_____

_____

II.- ¿MIS CREENCIAS SOSTIENEN MI REALIDAD AMOROSA?

Identifica y reconoce tus creencias que sostienen tu realidad amorosa, para después cambiarlas por otras que puedan contribuirte a tener relaciones amorosas sanas, autónomas, con responsabilidad afectiva.

1.-Creencias que aprendí acerca del **amor romántico:**

_____

_____

_____

_____

_____

_____

_____

_____

_____

_____

2.-De todo lo que he experimentado:

¿Qué creo acerca de las relaciones románticas sanas? ¿Cómo creo que son? ¿Cómo se pueden mostrar?

_____

_____

_____

_____

_____

_____

_____

_____

_____

_____

_____

_____

_____

_____

_____

III.- ¿QUÉ DEBO TRABAJAR EN MÍ?

Identifica y reconoce todos los aspectos que tienes pendientes por trabajar en ti.

¿Qué debo trabajar en mí?

_____

_____

_____

_____

_____

_____

_____

_____

_____

_____

_____

_____

_____

_____

IV.- ¿CÓMO ME GUSTARÍA QUE FUERA MI PAREJA?

(Más allá de aspectos físicos, es importante que tengas claro qué características actitudinales, emocionales, conductuales, te gustarían en él o ella.)

¿Qué tipo de persona quiero para construir una relación amorosa sana?

_____

_____

_____

_____

_____

_____

_____

_____

_____

_____

V.-MIS NEGOCIABLES.

Identifica y reconoce cuáles serán de ahora en adelante tus negociables y no negociables en tus relaciones amorosas.

- *¿Qué sí puedes permitir?*
- *¿Qué no vas a permitir?*

_____

_____

_____

_____

_____

_____

_____

_____

_____

_____

_____

VI.-COMPROMISO CONMIGO MISMA.

- *¿A qué te vas a comprometer hoy?*

_____

_____

_____

_____

_____

_____

_____

_____

_____

_____

_____

_____

_____

_____

ME PERDONO...

Me perdono por las veces que no me di el amor que te ofrecí tantas veces a ti...

Me perdono por intentar ser lo mejor para alguien y dejar de ser lo mejor para mí...

Me perdono por intentar convencerte de que era la mejor opción para ti y olvidarme de mi...

Me perdono por aferrarme tanto a alguien, creer y ofrecerle todo de mí de manera incondicional...

Me perdono por las veces que acepté migajas de amor pensando que era lo mejor para mí...

¿Y TÚ, QUÉ TE PERDONAS?

RECOMENDACIONES IMPORTANTES EN UNA RUPTURA AMOROSA.

1.-CONTACTO CERO

- Evita stalkear a la otra persona para saber de él o ella. No te ayuda en nada, al contrario, te genera más dolor y sufrimiento.

- Evita comunicación con familiares, amigos y todo lo que tenga relación con ella o él.

2.-INCONDICIONALES

- Apóyate de tus incondicionales: amigos, familia y todos los recursos que te ayuden en este proceso.

- Recuerda que tus incondicionales nunca te juzgan, nunca te critican y están contigo en todo momento.

3.-VALIDAR TUS EMOCIONES

- No te niegues a sentir, muchas veces las personas que nos rodean nos dicen: *"deja de llorar, no vale la pena"* y lo hacen desde el querer ayudarte, pero también no te muestres a la defensiva con tus emociones, exprésalas y vívelas.

- Lo importante es que, durante tu duelo afectivo estés vinculada con la emoción y así sanar poco a poco, es parte del proceso.

4.-BUSCA AYUDA DE UN PROFESIONAL DE LA SALUD MENTAL.

- No todo lo podemos, y aún más cuando se trata de lo emocional. Pedir ayuda de un profesional de la salud mental que pueda acompañarte y te brinde las herramientas necesarias para que afrontes este momento para volver a re plantear tu vida y construir nuevos objetivos para ti.

5.-DEJA DE JUZGARTE.

- Sé lo más amable que puedas ser contigo misma, no hay nada erróneo, malo, incorrecto, todo lo hecho fue porque creíste que era lo mejor.
- Lo importante es que, en este preciso momento te abraces muy fuerte y te prometas que no te vas a soltar, a tu tiempo, forma y manera vas a seguir caminando la vida, porque no necesitas de él o ella, sólo te necesitas a ti.

¿POR QUÉ SIENTO QUE NO PUEDO VIVIR LA VIDA SIN ÉL O ELLA?

Sentir la necesidad y urgencia que la persona amada vuelva, hasta cierto punto es parte de la abstinencia amorosa del duelo, tiende a resultar alarmante cuando esto va más allá, y das por hecho que en verdad tu vida ya se terminó, ya no tienes ganas de vivir o crees que la persona se llevó todo de ti y lo necesitas para vivir.

En esta situación se sobrepasan los límites del otro, del respeto y dignidad por una misma, se cometen las acciones más extremas para evitar que la persona se vaya o regrese a cualquier costo.

A continuación, te describo un tipo de apego patológico más frecuente en las relaciones amorosas:

DEPENDENCIA EMOCIONAL.

Se define como un patrón de comportamiento en el que se intenta satisfacer necesidades afectivas con la pareja de una forma des adaptativa y desequilibrada, manteniendo la creencia irracional que la pareja es la fuente de satisfacción, seguridad y bienestar de su vida, por lo que les resulta complejo poder separarse y cortar ese lazo afectivo cuando la otra persona decide irse.

A continuación, te menciono algunas características comunes de las personas con dependencia emocional en las relaciones de noviazgo.

CARACTERÍSTICAS:

- Miedo al abandono y estar solos.
- Su estabilidad emocional depende de la cercanía y muestras de afecto de la otra persona, de lo contrario entran en conflicto.
- Baja autoestima.
- Inseguridad.
- Necesidad de ser ayudados, salvados, rescatados.
- Sumisión.
- Les cuesta tomar decisiones.
- Su vida, su mundo es la otra persona.
- Síntomas de ansiedad o depresión en algunos casos.
- Alteraciones del sueño.
- Pensamientos obsesivos hacia la otra persona.
- Dificultad para mantenerse concentrados.
- Pueden llegar a descuidar otras áreas importantes por estar al pendiente de la pareja.
- Permiten todo tipo de trato por parte de sus parejas para que no se separen y no termine la relación.
- Temor al rechazo.

- Sentimiento de inferioridad.

- Celos/posesividad.

- Necesidad de agradar y complacer a la pareja por temor a que les abandonen.

- Son capaces de ser y hacer de todo cuando se sienten amenazados por perder a la otra persona y así evitar que les dejen.

- Sentimiento de no poder seguir su vida sin la otra persona.

LIBÉRATE DEL DOLOR…

Libérate de ese dolor, ese desamor que te roba la paz, no te deja ser feliz, te tortura cada día y te hace quedarte en ese espacio del estancamiento.

¿CÓMO LO HAGO?

No hay una fórmula mágica para dejar el dolor instantáneamente, pero te puedo sugerir algunas acciones que te pueden ayudar en tu proceso de duelo.

CONTACTO CERO: Una vez terminada la relación es importante mantenerte alejada de todo lo que tenga ver con esa persona: lugares, familia, amigos, etc. De nada te sirve mantener comunicación, saber de esa persona si te va a generar más dolor, intranquilidad y diversas emociones que no te generan bienestar.

Sé que, al separarte la ausencia pareciera que mata cada segundo que pasa, se quedan de por medio muchas cosas pendientes, dependiendo de cómo se hayan dado las cosas, pero debes tener claro que, si alguien elige irse y finalizar la relación, aunque no estés de acuerdo deberás respetar, independientemente de su razones o motivos. Intentar remediar la situación o inclusive pedirle que se quede es desgastante, doloroso, por favor no te lo permitas.

Te sugiero tomar distancia y vivir tu duelo lejos de él o ella, y de todo lo que tenga relación a esa persona, por salud mental y porque es la primera muestra de amabilidad y amor que puedes hacer por ti.

AYUDA DE UN PROFESIONAL DE LA SALUD MENTAL:

Es importante buscar ayuda para trabajar lo que queda después de una ruptura, y así también poder trabajar lo que tenemos pendiente. Sé que no todos tienen la posibilidad de pagar una consulta psicológica, pero también hay asociaciones, instancias públicas que dan el servicio gratuito en modalidad presencial y online. De igual forma en internet hay muchísima información a la que puedes acceder: videos, podcast, libros, etc.

Pero sabes, más allá de todo, lo importante es que tú decidas sanar, elegir diferente, que nazca de ti y de tu voluntad generar ese cambio, de lo contrario, si tú no quieres seguirás con las mismas situaciones, el mismo dolor y recuerdo que vivirán en ti, hasta que tú lo permitas.

COMPROMISO CONTIGO MISMA: Mantén el compromiso para el cambio y tener presente que es un proceso en el cual vienen situaciones no tan agradables que quizás no esperabas y pueden ser dolorosas.

Lo importante es saber que viene una posibilidad de vivir una vida distinta, desde otra forma de amar, pero debemos estar dispuestas a tomar las riendas de nuestra vida, desde otra manera a la que venimos haciéndolo.

Para hacer cambios debemos tomar acción, más allá del pensamiento y deseo, todo se materializa en esta realidad cuando te mueves de lugar para tomar acción, eres constante, dejas de juzgarte y compararte con los demás.

DEJAR DE JUZGARTE: Deja de juzgarte, no hay nada erróneo en ti. Deja de compararte, deja de pensar que pudiste hacer más por él o por esa relación.

Las acciones que hiciste en su momento, fue lo que creíste adecuado hacer, no tienes por qué sentirte mal.

SOLTAR EL CONTROL: Todo a su tiempo, deja de creer que los cambios deben mostrarse en tal fecha, de tal forma. Cada quien vive su proceso de diferente forma. No tienes por qué comparar tus progresos con otros.

Desde nuestras tomas de consciencia vamos reconociendo lo que ya es hora dejar ir o mantener en nuestra vida.

Borra de tu mente la idea de querer las cosas rápidamente, todo se mostrará en función de todo lo que estás dispuesta a trabajar en ti.

¡No te resistas al cambio!
¡Siempre lo que viene es mejor que el pasado!

FE EN TI: No dejes de creer en ti, tú eres tu fuerza, tu poder y eres tú, tu propia guía que te conduce a una nueva historia y forma de vivirte y vivir la vida.

MUCHO AMOR Y PACIENCIA PARA TI: Ámate tanto, más en estos momentos que crees son complicados para ti. Muchas veces en el dolor y sufrimiento tendemos a desvalorizarnos y estar en la constante comparación con la vida de los demás.

No te separes de ti, en este preciso momento necesitas ser amable contigo, amorosa y tenerte paciencia, olvídate de exigencias, de auto desprecios, regálate a ti ese cariño y amor incondicional que le das a los demás.

TOMAR ACCIÓN PARA SER Y HACER LO QUE SEA NECESARIO PARA CREAR LA VIDA QUE QUIERES PARA TI:
Toma acción, más allá de pensar y pensar las cosas, has que todo sea posible, muévete de ese lugar, pide ayuda, pero no dejes que todo lo que piensas sólo quede en el deseo, conviértelo en acción.

Lo que hoy duele, lo que hoy es lágrimas, con el tiempo serán tus grandes triunfos, y créeme que no te vas a reconocer, estarás en otro espacio, con otro nivel consciencia y con la vida que sí quieres para ti.

Agradécele a la vida y quizás si tú quieres a esa persona por darte a entender de mil formas que no era para ti.

Y aunque con mucho dolor entendiste y aceptaste que no era ahí, hoy estás en este proceso, en este lado, intentando remar, encontrar la solución a ese sufrimiento, en el oleaje a profundidades conocidas, pero a la vez desconocidas que te están llevando a que en el tiempo que deba ser, tú puedas volver a resurgir, ser consciente de que tú, sólo tú, podrás salvarte, nadie más...

Cuando ese amor se va y una queda en ruinas,

no perdiste, no te rendiste, no te acabaste, no hay derrota,

aunque las lágrimas te inunden, el nudo en la garganta te deje sin

voz, tu cuerpo se agote, tu mente sobre piense y creas que tu vida

acaba...

No,

no pierdes, tú ganas.

¡Tú te salvas!

Y pocas personas se salvan a sí mismas.

¡Celébrate ese triunfo!

Tú te salvas y también nos salvas a nosotras.

Nunca te avergüences de lo que sientes, lo que das, aunque des de

más.

Siempre el sentimiento busca una forma de conjugarse y mostrarse en tu realidad, no lo niegues o rechaces. Damos lo que somos, pero en esta realidad pocos saben sentir, sólo existen.

*Recuerda que somos una vez en la vida,
pero algunos lo vamos entendiendo muy tarde…*

SOBRE LA AUTORA:

Me llamo Suleydy, soy del estado de Oaxaca, México. Licenciada en Psicología y Maestra en Psicología Clínica, Legal y Forense. He dedicado mi vida a la docencia a nivel medio superior y superior.

Tengo un amor profundo hacia la magia de poder vincularme con la sensibilidad, la vulnerabilidad, las emociones, el sentimiento y sobre todo los silencios.

Me gusta darles voz y palabra a los silencios que (NOS) habitan en el alma y el corazón.

Para volver a mí, te tuve que dejar ir es mi primer libro físico, aunque en mi mente es uno de los miles que viven en mí.

En este libro existe magia de un deseo que tenía desde los 10 años. Está escrito libre de juicios, formatos, precisiones, reglas, linealidad, simplemente lo que fue, es y será.

Mi principal propósito es invitarte a ser *más consciente de ti,* de tu vida, del amor que te das a ti y a los demás. Te invito a cuestionarte, a salir de tu zona de confort, de lo común, de la normalidad: *Salir de ti.*
Salir de ti, es renunciar a lo que eres y aprendiste, no es sencillo, lo sé porque estuve en ese espacio. Quiero que sepas que, siempre hay una posibilidad distinta a la que hemos creído. Esa posibilidad la encuentras en lo desconocido, en el dolor, al otro lado de los miedos.

El mundo quiere más de ti…

La vida es muy sabia y te va mostrando a las personas, circunstancias que van a crear más para ti: consciencia, evolución, madurez y experiencia.

Gracias por recibirme y leer mi libro, confieso lo parí entre el dolor, el sufrimiento, en el oleaje más fuerte, en la caída más profunda al abismo de mí, en los escombros de mi vida y los despojos de un ayer.

AGRADECIMIENTOS ESPECIALES:

Para mi sol, mi raíz, mi sangre y mi luz...
Gracias mamá, papá, hermano y hermanas por nunca juzgarme, por estar conmigo siempre, aunque elija diferente.

Para mi alma entera, mis estrellas que iluminan mi infinito...
Tiube y Bina. Gracias por enseñarme el amor más sublime, genuino y bondadoso.

Para mis angelitos de 4 patas... Gracias por elegirme, mostrarme la magia y el misticismo del amor.

Para mis amigas...
Jency, Laura, Ariadna, Taniveth y Maritza. Gracias por ser mis incondicionales, porque a pesar del tiempo, distancia, sé que cuento con ustedes en todo momento.

Para mis queridas alumnas y queridos alumnos (también mis ex alumnas y ex alumnos). Gracias por recibirme y permitirme aprender de ustedes.

En especial a mis estudiantes de secundaria...

Gracias por confiar en mí y compartirme su curiosidad por vivir la vida.

Y por último …

Gracias a ti, por ser mi maestro de vida, evolución, amor y consciencia. Me diste el empujón que necesitaba en mi vida para caminar de regreso a mí misma y conocer a alguien que no sabía que habitaba en mí.

Gracias, Gracias, Gracias.

SÍGUEME EN MIS REDES SOCIALES:

- FACEBOOK: Suleydy Gabriel

- INSTAGRAM: @psicopoesia.suley

- TIKTOK: @psicopoesia_suley

- THREADS: psicopoesia_suley

- E-MAIL: suleydygabriel@gmail.com

Made in the USA
Monee, IL
26 April 2024

57334511R00177